JN302504

改訂新版
初めての心理学英語論文
日米の著者からのアドバイス

D. シュワーブ／B. シュワーブ／高橋 雅治 著

北大路書房

新版によせて

　1977年から今日まで，千篇以上の心理学の英語論文や英語要約を編集してきた。その目的は，日本とアメリカの心理学者の間の架け橋となることであった。1998年に，日本の若き心理学者が英語で論文を書くことを手助けするために，本書を出版した。本書はこれまでに4000部以上が販売され，研究者，大学院生，そして，学部生に使われることになった。私たちは，本書の人気に驚くとともに満足している。

　この十数年間で，論文執筆を取り巻く環境は大きく変化した。そこで，インターネット世代の研究者や学生のために，本書を改訂することにした。テクノロジーは，心理学論文を書き，編集し，投稿する道具を大きく変えた。同時に，論文の内容にも多少は影響を与えたかもしれない。だが，テクノロジーが進化しても，心理学分野の著者としての思考法自体が変わることはないだろう。それ故，執筆についての示唆の大部分は，旧版のままとした。その結果，新版では，心理学論文の執筆について変化した面と変化しない面の両方に焦点を当てることになった。

　新版では，4つの大きな改変がなされた。

1. 最新版の APA Manual の使い方を説明した。第6版の APA Manual は，旧版から大幅に改訂された。本書の新版では，日本人の執筆において，最も重要で，かつ，最も難しい APA スタイルに重点を置いた。
2. 投稿先を研究者のネットワークを通して探す方法を解説した。心理学者は，投稿する雑誌や学会を選ぶために，インターネット検索を用いることが多い。しかし，仲間や指導者等の人間ネットワークは，投稿や発表を成功させる上で今でも重要である。そこで，投稿先について英語でコミュニケーションを行うためのモデルを提供した。
3. オンラインで原稿を投稿する方法を説明した。このプロセスは，原稿の外見を同じにするという点で公平である。だが，アップロードに失敗したり，添付書の内容が不十分だったりすると，審査者の印象が悪くなることがある。そこで，電子投稿の入門的な説明を追加した。
4. 初版の出版後に，日本人の原稿を編集する経験がさらに累積した。その一方で，最近編集した日本人の原稿の中に，30年前と同じ誤りを見つけて驚くこともある。そこで，新版では，初版で示した示唆や意見に，その後の経験から得られた示唆や意見を追加した。

新版によせて

　1998年に本書を出版した後，高橋雅治博士とさらに2冊の本を共同で執筆した。わたしたちは，彼の丁寧で正確な仕事，及び，日本の学生や研究者が英語で発信することを手伝う献身的な態度に対して，深い尊敬の念を抱いている。読者の方々も，高橋博士のように，学生たちが国際性を持つことを熱心に手助けしていただければと思う。

　日本の心理学者による英語の出版物の質と量は，過去35年間で明らかに改善しており，本書がそのような流れに微力ながら貢献し続けることを願っている。日本の心理学に対するわたしたちの尊敬の念はますます高まってきている。本書を，日本のすべての友人と同僚，そして特に，2011年の東日本大震災の勇気ある生存者たちに捧げる。

　　　　　　　　　　2013年1月　米国　ユタ州　シーダー・シティにて
　　　　　　　　　　　　　　David W. Shwalb (shwalb@suu.edu)
　　　　　　　　　　　　　Barbara J. Shwalb (shwalbb@suu.edu)

新版によせて

　本書の初版を出版してから14年が経過した。その間に日本の心理学は大きく国際化した。実際，日本の心理学者が国際誌を発表の場とすることは，もはや当たり前のことになりつつある。そのためか，私の研究分野でも，研究成果を英語で発表したいと相談してくる院生が増えてきている。さらに，2010年と2011年には，広島大学の坂田省吾先生のご招待により，日本心理学会大会の編集委員会企画講習会で，英語論文を執筆する方法について話す機会を得た。それぞれの会場に参集した若き研究者たちは，十数年前に開催した英語論文ワークショップに集まった若者たちと同じくらい，あるいは，それを超えるほどの強い意欲と熱意を持っているように感じられた。

　このような変化の背景には，心理学研究の急激な学際化があるように思われる。すなわち，心理や行動に関連する研究領域が急激に拡大し，心理学，神経科学，経済学等の研究領域を分ける境界線が薄れるとともに，心理学者もまた多様な研究分野に伍していかなければならなくなってきた，という事情があるのだろう。このような流れが今後良い方向に進み，結果として，業績のある心理学専攻の院生が皆スムーズにポストにつけるような時代が到来することを期待している。

　このような時代の変化に合わせて，本書を大幅に改訂することにした。第１部については，シュワーブ夫妻が英語や日本語で改訂を行い，それに基づいて共著者が日本語の原稿を作成した。また，第２部については，情報技術の進歩などにより時代遅れとなった内容を修正することを中心に改訂を行った。特に，電子辞書の利用と英語例文の電子的な検索法については，全面的に書き換えることにした。

　東日本大震災を経て，人と人がつながり，互いに助けあうことの大切さを改めて実感した。一人ひとりの人間が，それぞれの経験から得たものを，他者を支えるために使うことにより，わたしたちは社会の未来に希望を持つことができるのだろう。本書が，次の世代を担う若き心理学者達の一助になることを心から願っている。本書を，私の研究者人生をいつも支えてくれている妻玲子に捧げる。

　　　　　　　　　　2012年11月　晩秋の澄み切った大雪山系を眺めながら

　　　　　　　　　　　　　　　　　　　　　　　　　　　高橋　雅治

まえがき

　1992年に，白百合女子大学の東洋先生から，発達心理学研究の英文要約の編集者として日本人の心理学者を手助けする機会を与えていただいたことがあった。その当時は，現在の日本と比べて，英語雑誌で仕事を発表する教授は少なく，海外の大学で働く日本人も少なく，外国に旅行したり留学したりする学生も少なかった。その後，名古屋大学の小嶋秀夫先生から，1993年の日本教育心理学学会大会において「英文心理学要約の書き方」というタイトルの30名程が参加するワークショップを行うように依頼された。その時，わたしたちは多くの心理学者を英語の面でお手伝いできることを実感した。1995年の日本心理学会では，琉球大学の東江平之先生が同様のワークショップをもう一度行うようにご招待してくださった。このワークショップには80名が参加した。これらのワークショップに参加した大学院生たちはとても熱心であった。さらに，「子供の虐待とネグレクト」誌で故庄司薫先生のご招待により6年間英文要約の校正も行った。その後，兵庫教育大学の浅川潔司先生や北大路書房のスタッフと討論を重ねるうちに，これらの大学院生は英語論文を書く手助けとなる本を必要としていると思うようになった。そこで，わたしたちはこの本を書こうと思い立ったのである。
　わたしたちを何年にもわたってさまざまな面で手助けしてくれた方々（祐宗省三先生・武田勝彦先生・故庄司順一先生・村田浩二先生・杉江修治先生・赤羽潔先生）にこの本を最初に捧げたい。日本の若い心理学者と心理学を専攻する大学院生にもこの本を捧げたい。
　また，第1部の第3章に述べる調査に参加していただいたすぐれた日本人研究者の先生方，第4章において要約の掲載を快諾してくださった先生方（松浦常夫先生，松田文子先生，別府哲先生，中澤潤先生），そして第6章に述べる調査に意見を寄せていただいた欧米の雑誌編集者の方々（特に，小橋川慧氏には有用なアイデアをいただいた）にも深謝の意を表したい。

　　　　　1998年2月　米国ユタ州のソルト・レーク・シティにて
　　　　　　　　デイビッド・シュワーブ，バーバラ・シュワーブ

まえがき

　英語で論文を書くことはとてもやっかいな仕事であり，今でも悪戦苦闘の毎日である。そこで，他の日本人研究者の智恵を借りることでその効率を少しでも改善できたらと考えて1996年の日本心理学会において「英語による心理学論文の書き方」というワークショップを開催した。このワークショップの話題提供者を探す過程で，山岸俊男先生（北海道大学）からこの本の共著者であるシュワーブ夫妻を紹介していただいたことが，この本を共同で執筆するきっかけとなった。

　ワークショップの当日は百人以上もの心理学者が集まり，立ち見も出るほどの盛況ぶりであった。残念ながらシュワーブ夫妻には参加していただくことが出来なかったものの，波多野誼余夫氏，相場覚氏，佐藤隆夫氏，および，唐澤穣氏から自らの体験談を交えた数多くのアイデアを提供していただくことができた。提供されたアイデアはどれもが創意工夫に満ちたものばかりであり，研究成果を英語で出版することに対する各研究者の熱意が強く感じられた。加えて，会場に集まった若手研究者の真摯で熱心な態度は，情報を輸入し消費する時代の終焉と海外に向けて情報を発信する時代の到来を強く予感させた。この時会場にあふれていた強い熱気にふれたことが，この本を執筆する強い動機となった。

　率直にいって，本書を執筆するにあたり自分は役者不足なのではないかと随分躊躇した。というのも，私よりもはるかに多くの英語論文を海外の一流誌に出版している日本人の心理学者を何人も知っているからである。だが，英語論文をいとも簡単に出版することが出来る研究者よりも，石に齧りつくような苦労を重ねて出版に漕ぎ着けている研究者のアイデアの方が初心者にとっては役に立つかもしれないと考えて，自分の体験に基づくアイデアを中心にまとめることにした。

　この本を，私の研究をこれまで公私にわたって支えてくれたすべての人々に捧げたいと思う。特に，大学院時代から長い間指導していただいた寺岡隆先生には執筆中にたびたび励ましていただいた。また，北大の後輩の院生からは体験談を交えたいろいろな意見や質問を寄せていただいた。さらに，北大路書房の薄木敏之氏には全体の構想から出版にいたるすべての過程で大変お世話になった。あわせてここに感謝の意を表する。

1998年2月　北大の助手室にて吹雪を眺めながら
高橋　雅治

本書の構成

　本書は，心理学関係の論文や学会発表の抄録等を初めて英語で書く学生や若手研究者にとって役に立つアイデアや情報を提供することを目的として日米の著者が協力して書きおろしたガイドブックである。

　本書は2部から構成されている。第1部は英語のネイティブ・スピーカー（以降ネイティブと呼ぶ）であるシュワーブ夫妻が担当し，第2部はネイティブではない高橋雅治が担当した。ネイティブでなければ決して出来ないアドバイスがあるとすれば，ネイティブでは決して出来ないアドバイスもあるにちがいない。本書のねらいは，それら2つの見方を同時に提示することによって，より広範なアイデアや情報を提供することにある。

　また，各章の終わりにはできる限りコラムを設け，互いの意見の補強や異なった見方の提示を行うことにした。これにより，本書が単なるガイドブックにとどまらず，若手研究者が研究そのものをより多角的な視点に立って考えるきっかけになってくれたらと思う。

　第1部はシュワーブ夫妻が英語で書き下ろし，それを高橋雅治が日本語に翻訳した後に日本語を読むことのできるD. シュワーブがチェックした。日本語への翻訳にあたっては，原文の意味を著者に確認しながら極力意訳することを心掛けた。一方，第2部は高橋雅治が日本語で書き下ろし，D. シュワーブがチェックした。どちらの場合も常に連絡を密にしてきたつもりである。だが，電子メール等を使ったやりとりでは細かなニュアンスを伝えることがむずかしいこともあり，なお意に満たないところも残っている。読者の方々のご批判をいただければ幸いである。

高橋　雅治

目 次

新版によせて　i
まえがき　iv
本書の構成　vi

第1部　アメリカ人研究者からのアドバイス

第1章　わたしたちはどうやって書く力を上達させてきたか ……………2
　1．初期の経験（デイビッド）　2
　2．作文に関する共通の経験（デイッビッド＆バーバラ）　4

第2章　英語で書くことはネイティブでもむずかしい ……………6
　1．問題のある英文の例　6
　2．英語で出版する必要があるか　8
コラム1　この程度の研究を投稿してもよいのでしょうか？　11

第3章　経験を積んだ日本人心理学者からのアドバイス ……………12
　1．論文は最初から英語で書くべきか　12
　2．日本語と英語のロジックには違いがあるか　13
　3．論文はネイティブにチェックしてもらうべきか　13
　4．辞書やその他の参考書を用いるべきか　14
コラム2　日本と欧米の科学論文の間に，言語を越えたロジックの差はあるか？　15

第4章　要約を書く ……………16
　1．「良い」要約の特徴　16
　2．わたしたちが手直しした日本人心理学者による要約の例　19
コラム3　要約がうまく書けないのですが？　25

第5章　日本人著者に共通の誤り，および正しい原稿タイプの手本 ……………26
　1．題名のページ　26
　2．著者注釈　27
　3．要約　27
　4．表　28
　5．引用文献　29
　6．本文中に統計的分析を書く　30
　7．理論的根拠の欠如　31
　8．バランスの欠如　32
　9．段落構造　33
　10．文法　34
　11．見出し　35

目 次

コラム4　序文と考察をうまく書くためのポイントを教えてください　37

第6章　雑誌編集者からのアドバイス：投稿における共通の誤り……………………38
　1．よく見られる誤り　38
　2．概念的な問題　42
　3．学会大会投稿における誤り　44
　4．投稿により学んだこと　45
　5．書き直しのための2つのポイント　46
コラム5　研究のコンセプトについての問題とは？　49

第7章　APA Publication Manual，および他の参考書の利用……………………50
　1．必要性　50
　2．購入　50
　3．APA Manual の使用　51
コラム6　APA Manual はどうしても読まなければならないのですか？　54

第8章　研究者のネットワークを作り他の研究者の意見を求める………………55
　1．研究者仲間を作るために　55
　2．心理学会を通じて接触を開始する　57
　3．大会での出会い　60
　4．抜き刷りの請求と交換　63
　5．フィードバックを求める　66
コラム7　消極的な性格の研究者がネットワークを作るには？　72

第9章　投稿する雑誌を選ぶ………………………………………………………73
　1．選ぶための指針　73
　2．雑誌編集者に意見を求める　76
　3．雑誌の見本を請求する　76
　4．受理の割合　77
　5．3つの方略　79
コラム8　雑誌のランクって，そんなに重要なのですか？　81

第10章　審査の過程………………………………………………………………82
　1．欧米の雑誌，編集者，および審査者に対する日本人の見方　82
　2．編集者と審査者とのやりとり　84
　3．編集者の手紙と審査者のコメント　87
　4．審査の過程：心理学雑誌の編集者からのアドバイス　93
　5．長い批判的な論評にこたえる　98
コラム9　掲載拒否が，審査結果にはっきりと書かれていないことがある　100

第11章　受理のあとで……………………………………………………………101
　1．最終的な校正にむけて　101
　2．最終的な校正について　101
コラム10　電子投稿は簡単である　105

目　次

第12章　心理学者としての英語上達法 ……………………………………………107
　　1．聞く　　107
　　2．話す　　108
　　3．書く　　108
　　4．読む　　109
　　コラム11　英語で話す力を向上させるにはどうしたらよいでしょうか？　　110

第13章　第1部の結論：英語論文の執筆と投稿を開始する方法 ………………111
　　コラム12　次の時代に向けて　　115

第2部　日本人研究者からのアドバイス

第1章　最初の1篇をどうやって書くか ……………………………………………118
　　1．語彙と文法のみでの挑戦　　118
　　2．卓上例文検索法　　120
　　3．親切な編集者と審査者　　122
　　コラム1　掲載拒否や不当な審査結果を受け取ったらどうしたらよいのだろうか？　　123

第2章　英語で論文を出版するために必要なもの …………………………………125
　　1．強力な動機　　125
　　2．高校程度の英語力　　127
　　3．優れた研究成果　　129
　　コラム2　優れていない研究を投稿してもよいのだろうか？　　131

第3章　実際にどうやって英語で書くか：徹底的例文参照法のすすめ …………132
　　1．例文の多い辞典を利用する　　132
　　2．英語表現を集めた参考書を利用する　　134
　　3．コンピュータを活用する　　135
　　4．先行論文を管理する　　136
　　5．電子辞書を使おう　　137
　　6．ノン・ネイティブのための決定版：電子的例文検索システム　　140
　　コラム3　コンピュータが苦手なときはどうしたらよいか？　　144

第4章　書き直し ………………………………………………………………………145
　　1．自分1人でどこまでできるか　　145
　　2．ネイティブ・チェックのむずかしさ　　147
　　コラム4　孵卵―アイデアを温める　　150

第5章　出版のあとに待っている世界 ………………………………………………151
　　1．抜き刷り請求が送られてくる　　151
　　2．原稿のチェックや審査を頼まれる　　152
　　3．論文を書くということ　　155
　　コラム5　グローバルな心理学者になるということ　　159

文献　　160
索引　　163

第1部 アメリカ人研究者からのアドバイス

第1部では，日本に居住し教育に従事した経験のある2人のアメリカ人のアドバイスが，日米の研究者から集めたアドバイスとともに紹介される。ここでは，「英語による書き方」のみならず，研究者仲間のネットワークを作る方法や論文を投稿する方法についてもまた詳しく述べられる。英語でうまく書くことが出来たとしても，(1)ネイティブの研究者と社会的なネットワークを作る方法，および，(2)投稿や編集などの複雑な過程において効果的にコミュニケーションを行う方法を理解していなければ，心理学論文を英語で出版することは出来ない。わたしたちが初めて投稿した時には，ここで紹介するアドバイスのほとんどを知らなかった。それ故，第1部では，執筆や投稿についてネイティブが知っている事柄を共有することにより，それらを学ぶための数年間を節約することを目的とする。それにより，投稿の初心者である，英語のノン・ネイティブである，あるいは，その両方である，という不利な条件を乗り越えるための手助けが出来ればと思う。

わたしたちはどうやって書く力を上達させてきたか

　わたしたちは有名な研究者ではない。だが，わたしたちは長い間英語を書いたり直したりする自分たちの能力を改善してきた経験がある。そこで，わたしたちがどうやって英語の能力を改善してきたかについて話すことからはじめよう。この話には，みなさんがどうやって英語を改善したらよいかについてのヒントが含まれていると思う。

　他の研究者の書いた原稿を直しているうちに，**初心者からベテランまで誰もが改善の余地がある**こともしだいにわかってきた。有名なアメリカ人の研究者の論文を手直しした時，沢山の文法的な誤り，誤った論理，あるいは下手な文章表現を行っていることに最初は驚いた。彼らのそれ以前の論文を読んでいた時は，彼らは書くのがとても上手であり，書き直しをせずに第1稿を出版することができるのだと思っていた。そのため，わたしたちは，彼らの原稿の文法的な誤り，句読点に関する誤り，あるいは，文構造の誤りに朱を入れることにかなり大きなショックを受けたのである。今では，**うまく書くための秘訣は書き直しである**とわたしたちは思っている。わたしたちが書き直しの重要性を学んだのは最近のことであり，学問の道に入ったばかりの頃を思い出してみると，書くことはわたしたちにとっても大変むずかしいことであった。

■ 1．初期の経験（デイビッド）

　高校在学中，わたしはオールA（成績がすべて「優」）の生徒であり，大学入試でも高得点をとった。友人たちはわたしの手紙を読みたがり，中学・高校の先生たちはわたしの答案にいつも「A」をつけ，余白には「良い…良い…良い（good...good...good...）」というワンパターンのコメントを書いてくれた。その頃は，うまく書く能力とは生まれつきの能力であると思っていた。そして，わたしの夢はジャーナリストになることであった。

　学部生の頃から，わたしは逆のフィードバックをもらうようになり，すぐに

ジャーナリストの夢をあきらめることになった。1年生の作文の授業の最初の答案の下の欄に、「わたしはこの授業では優をお願いします。未来のジャーナリストより」と冗談で書いた。指導者は、「あなたの評価はよくても可です。このコースを無事終了できると思ってはいけません。ジャーナリストなんて決してなれないでしょう」という皮肉に満ちたコメントを返してきた。わたしは先生が意地悪で間違っているのだと思い、すぐにこの授業をやめた。4年後、優等卒業論文のための第1稿を書いたとき、わたしのアドバイザーは「だめだ…これはひどい英語だ…まったく不明瞭だ」というようなストレートなコメントを欄外に大きな赤い文字で書いた。その後、学科委員会がわたしの論文を優等卒業論文として認めないことを投票で決めたとき、わたしはこの決定をアドバイザーの冷酷な性格のせいにした。今にして思えば、アドバイザーのコメントの仕方が悪かったところはあるものの、その時のわたしの論文は確かにひどいものであった。

　次のショックは大学院のときにやってきた。1年目のセミナーで、わたしの論文はティーチング・アシスタント（教授の助手を務める先輩の院生）と教授によって「貧弱だ」と強く批判された。彼らは論文を書き直すことを提案したが、わたしはそれまで論文を書き直した経験がほとんどなかった。その後、大学院アドバイザー（後の故 H. Stevenson 博士）がわたしともう1人の同輩の学生（共著者の Barbara Shwalb）に作文の授業をとることを勧めた。そのアドバイザーは、APA スタイルの書き方を学ぶために学部生のための実験実習をとることも提案してくれた。その時は、作文の授業をとらされた院生が将来心理学英語論文の書き方についての本を書くことになるとは考えもしなかった。このフィードバックは私のプライドを傷つけた。しかし、このフィードバックが、私を心理学者らしく執筆する最初のステップへと押し進めることになったのである。

　当初はどちらの授業も楽しめなかった。というのも、それらを履修することにより、書くのが下手であることを自分で認めなければならなかったからである。しかし、それらの授業はとても有用なものであった。なぜならば、そこでは上手に書くためのもう1つの秘訣が強調されていたからである。すなわち、**1人の教授のためではなく、それ以外の複数の読者のために書くということで**

ある。どちらの授業でも，クラスメートはわたしの論文を批判した。そこで，彼らのコメントに答え，自分の言いたいことをより明確にするために，わたしたちは論文を書き直さなければならなかった。学部生の時は，単に論文を提出し，教授たちがそれらを採点し，そして評点を受け取るだけであった。その頃，書くことの目的は良い評価を得ることだけであった。言い換えれば，「書くこととは単なる結果（product）である」と思っていたのである。だが，いまや，「書くことは過程（process）である」ということを学んだ。すなわち，**コミュニケーション過程としての作文**である。

■ 2．作文に関する共通の経験（デイッビッド＆バーバラ）

30年間，わたしたち夫婦は心理学者としての研究と著作のほぼすべてを共同作業で行ってきた。私たちは，互いの文章を編集し合うことができて幸運である。しかし，ほとんどの心理学者はわたしたちのような同業者カップルではない。それゆえ，この本は，心理学論文を書く際に頼ることのできる「個人的な編集者」がいない学生や教員向けに書かれている。

次の重要な経験は，大学院時代に教育学の雑誌の「Evaluation in Education」という特集号を編集する機会を得た時にやってきた（H. Kida, D. Shwalb, & B. Shwalb, 1985）。これは，わたしたちの初めての編集の経験であった。その雑誌には，4人の日本人の教育心理学者と1人のアメリカ人の教育心理学者の論文が掲載された。わたしたちはアメリカ人の論文についてはほとんど直さなかった。というのも，その論文のプリンタによるすばらしい印刷の仕上がりと，著名な著者がそれ以前に行った研究の文献リストの長さにとても強い印象を受けたからである。一方，日本人の原稿についてはその修正と最終的な書き直しに数週間も費やし，ようやく内容が明瞭だと思えるまでに至った。ところが，その後ですべての原稿をもう一度読み直したところ，すでに直した日本人の論文がどうも芳しくないのみならず，アメリカ人の論文についてもたくさん直さなければならない点があることに気づいた。わたしたちは，この経験から，2，3回書き直したくらいでは必ずしも明瞭なものができるとは限らないということを学んだ。

わたしたちの書く力は，その当時からずっと発達し続けながら今日に至って

いる。それを支えてきたのは，①誰でも改善の余地があること，②繰り返し書き直すことの必要性，③複数の読者のために書くということ，および，④最終的な結果ではなくコミュニケーション過程としての作文，という考えであった。この本では，これら以外の作文のヒントもいくつか紹介するつもりである。それらは，論文を読んだり，論文を書いたり，あるいは，日本とアメリカの同僚たちから意見を求めることによって集めてきたものである。しかし，最終的に最も重要なのはこれら4つのアイデアであると思う。

（D. シュワーブ & B. シュワーブ）

英語で書くことはネイティブでもむずかしい

1. 問題のある英文の例

　以下の要約は，数年前にある欧米の雑誌に掲載されたものである。ここではその一部を修正する。というのも，この要約は下手な表現の例を数多く含んでいるからである。

```
                    ①                  ② d situational influences on
        This cross-national study examines∧ adolescents' allocations of economic
                                          ③
        rewards according to perceived family need. Japanese and Australian
    ④
(2 age groups, 12-13 and 16-17 year olds; n=32 per culture) distributed play money to story figures who were described using
        boys∧ responded to situations corresponding to all possible combinations of
                  ⑥ characteristics:        's    ⑥ and productivity,  their
        four evaluative dimensions. worker∧ effort, ability, work outcome and∧ family
                ⑦ Among the older boys'    depicted
        need.∧ When outcome was∧ presented as high, Japanese adolescents with
                      w              productivity
                                        ⑧ more money
        increasing age allocated a significantly greater income increment to workers
                                                                  ⑨
        with high family need than did their Australian∧ counterparts. In addition,
                      from both age groups gave         s          workers with
        Japanese adolescents allocated significantly more income to∧ low ability
                      ⑩ cultural                                       was
        workers. In both∧ samples, high need was rewarded significantly more than∧ low
                                                                            productivity
        need, except when workers' ability was high but their effort and work outcome
                  ⑪             se  ⑫ findings are related to Australian
        were stated as low. The∧ results are discussed in terms of Western and
                                        ⑬ indicate that sensitivity to
        Japanese economic arrangements, and point to changes in concern for family
```

```
                                    s  ⑭ in adolescence,
    need which continue to develop∧beyond childhood as influenced by the
          ⑭  e
    cultural context.
                ∧
```

　上記の書き込みはあくまでわたしたちの第1段階の修正であり，この要約を質の高いものにするためには，少なくとももう3，4回は再修正しなければならないであろう．にもかかわらず，この貧弱な要約は出版された（貧弱な要約であってもしばしば出版されてしまう！）．

　それでは個々の修正について説明しよう．以下の修正は，文中の①から⑭に対応している．

①この研究が日本とオーストラリアで行われたことは明らかなので，あえて「複数の国家にまたがる（cross-national）」という必要はない．

②要約は，過去形で書かれなければならない．ただし，要約の最後の文で何かを示唆する場合は例外である．

③最初の文は，研究全体の目的を表さなければならない．したがって，要約の最初の文が細かな項目（この場合は family need）に焦点を当ててはならない．

④要約には，参加者の人数（sample size）が書かれていなければならない．さらに，結果が年齢の比較を含む場合には，参加者の年齢も書かれていなければならない．

⑤要約では，方法を単純明快に説明しなければならない．

⑥要約では，その分野だけでしか通じない隠語や専門家にしかわからない用語を用いてはならない（この場合は，evaluative dimensions, work outcome など）．

⑦むずかしい表現（with increasing age, greater income increment）をさけ，自然でわかりやすい表現（older boys, more money）を用いなければならない．

⑧要約では，有意な結果のみが報告される．したがって「有意に（significantly）」という単語は不要である．

⑨「片方（counterpart）」のようなあいまいな表現を用いてはならない．

⑩「標本（samples）」というだけでは，どの標本であるかがわからない。
⑪受動態（ここでは stated）は避ける。
⑫意味のない表現は避ける（ここでは，The results are discussed in terms of...）。
⑬正確に書く（被験者のある時点における行動のみを研究したのだから，各個人の発達的な変化についてはなにもわからない）。
⑭あまりによく使われて本来の意味を失ってしまったような単語（子ども時代を超えた beyond childhood，文化的な文脈 cultural context）は避け，明瞭な単語（青年期 adolescence，文化 culture）を用いる。

おそらく読者の方々は，この要約を書いた人のことを気の毒に思うであろう。その人は自らの誤りをここでさらしものにされてしまったのである。この要約は文法や語法についての基本的な誤りだらけであり，まったく思慮が足りないとしかいいようがないようなものである。いったい誰がこんなにひどい要約を書いたのだろう。実は，これはわたし（D. Shwalb）が28年前に書いたものである。

この要約は4つの雑誌に掲載を断られ，最終的に出版されるまでに数回書き直された。最初にこの論文を投稿したのは，一流誌の *Developmental Psychology* であった。それはもちろん誤った選択であった。この論文は決して出版されるべきではなかった，と言ってもいいくらいの内容である。しかし，あえてここに示したのは，アメリカ人でも下手な英語を書くことがよくあること，および，誰でもそれを改善することができることを強調したかったからである。日本人の心理学者にとって外国語で論文を書くことがむずかしいのはごく当たり前なのである。良い研究をすれば英語で出版することができるかもしれない。しかし，それだけでは十分ではなく，英語で書き英語で出版する方法もまた知らなければならない。この過程は，何年もの間執筆を行った経験を持つネイティブの著者にとってさえ，複雑な意思決定と判断を含んでいるのである。

■ 2．英語で出版する必要があるか

この質問に対する答えとして，わたしたちが心理学者としての比較文化的な経験から学んだ2つのことを述べたいと思う。まず第一に，**必ずしもすべての**

論文が欧米で出版される必要はない，ということである。日本で出版するよりも欧米で出版することのほうが"より良い"などと決めてかかってはならない。英語で出版することは，現在の学会の流れであり賞賛されることであるかもしれない。また，欧米で出版することが一流の研究を行っていることのあかしとなる人もいるかもしれない。しかし，英語で書くためによけいな時間を使う前に，「何のために」と自問する必要がある。日本人が欧米で研究を出版するのにはそれ相応の動機がたくさんあり得ると思う。研究の質によって欧米の雑誌へ投稿するかどうかを決めるべきであろうか。答えはノーである。というのも，日本の心理学の最高レベルの研究が大部分の日本人心理学者によって読まれることのない雑誌に発表されても，それは日本の心理学にとっては役に立たないからである。あなたは，どのような雑誌と言語が個人および学者としてのあなたの動因に合っているかを決める必要がある。このことは，この本のタイトルと矛盾する。だが，英語で書く理由がない限りは英語で書かないことを真剣に考えてほしい。重要な問題は，どのような読者に論文を読んでほしいのか，ということである。

わたしたちが学んだ第2の教訓は，**必ずしもすべての研究が出版される必要はない**，ということである。前述の要約は，あまり知られていない雑誌に発表された。おそらく，その論文はわたしたちが読んでほしいと思っている人たちには読まれなかったと思う。そのため，今ではどうしてこんなものを出版したのだろうと思っている。もう1つの例は，わたしたちが大学院で膨大な時間を費やした2つ目の研究である。その結果は本当にはっきりしないものであった。そのトピック自体はとても重要であると考えていたが，結局は途中で論文を書くこともやめてしまった。今ではその研究を発表したいとは思っていないので，それが読者にとって価値があるかどうかについて考えることさえ忘れてしまっている。

過去2，30年の間に，英語の心理学ジャーナルの数は大幅に増加した。特に，オンライン・ジャーナルやオープンアクセス・ジャーナルの時代の到来により，その数は増大の一途である（もっとも，それらのいくつかは査読のあるジャーナルではない）。しかし，それにより英語論文の出版が容易になったわけではない。というのも，その間に，大学院生のみならず，学部生までもが論文を出

版することが当たり前のようになってきており，そのために競争のレベルも高くなってきたからである。同時に，心理学者の教育を掲げる大学では，教員に対する論文出版の圧力が益々高まってきている。すなわち，今や，より多くの人々が出版することができるようになったが，それと同時に，より多くの人々が出版を試みるようになったのである。そのために，出版のしにくさは，以前と変わらないのであろう。

（D. シュワーブ＆ B. シュワーブ）

コラム1

◇◇◇この程度の研究を投稿してもよいのでしょうか？

　国際誌に初めて投稿する大学院生からこのような質問を受けることは多い。実際，あまりパッとしない研究を一流誌に投稿すると，すぐに掲載を断られて結局は徒労に終わってしまったり，常識のない研究者であると思われてしまう可能性が大きいことは確かである。だが，膨大な時間と労力を費やした研究であれば，その結果がどのようなものであってもそれを他の研究者が読むことのできる形にしておきたいと思うのは人情というものであろう。

　では，質が低いと思われる研究であっても積極的に投稿した方がよいのだろうか。この問題についての考え方は研究者によって異なるようである。たとえば，「質が低いと思われるような研究は投稿すべきではない」と助言する研究者は多い。このような助言の背景には次のような考え方があるようである。つまり，出版に値しないような研究の中に重要なアイデアやヒントが隠されていることは多い。また，単独ではあまり意味のないデータであっても，他のデータと比較することによって新たな意味を持つようになることもある。もしそうであれば，失敗が多いほど後の研究がより洗練されることになる。逆に言えば，論文の数だけを無理に増やせば発表論文の「量」と「質」の間にトレードオフの関係が成立してしまう（つまり，「質」が低下してしまう）かもしれない。この考え方に従うならば，「この程度の研究」と感じてしまうような研究は投稿せずに，出版に値すると考える成果のみを投稿すればよい。

　だが，これとはまったく異なった考えを持つ研究者も数多く存在する。たとえば，「たくさん発表するほどその中のひとつが傑作であると評価される確率が高くなる」という意見もよく聞く。つまり，自分では質が高いと思っていても，結局は評価されないまま大海の一粟として終わってしまうかもしれない。逆に，自分では質が低いと思っていても，他の研究者はそれを非常に面白いと思うこともあろう。言い換えれば，最終的な「質」の評価を一研究者が事前に予測することはできないかもしれないのである。この考え方に従うならば，質の評価は歴史にまかせて得られた成果はとにかく出版すればよい。

　このような議論は，研究に熱中して走り続ける研究者にとってはあまり意味がないかもしれない。だが，研究を生業とする人間であれば，自分が論文をあまり書かないことについて防衛機制が働き出す前に，一度はこのような客観的な視点から自分の研究を見つめ直しておく必要があると思う。

（高橋雅治）

経験を積んだ日本人心理学者からのアドバイス

　経験を積んだ日本人学者が英語による論文執筆をどのように考えているかを紹介するために，何年間も英語の雑誌に論文を投稿した経験をもつ20人の同僚に対する調査を行った。彼らの経験年数は5年から30年であり，心理学のさまざまな領域において審査制度のある雑誌に論文を発表した経験があった。彼らが用いている方法は何年もかけて練り上げられたものであるため，英作文の初心者には適切な方法ではないかもしれない。また，読者の方々が彼らのスタイルに合わせる必要もない。だが，彼らのアドバイスの内容をじっくりと考え，そして，皆さんが自らの向上を目指して頑張る時にそれらのいくつかを使ってみるのはよいことである。わたしたちは彼らのアイデアの大部分に賛成であるが，以下のアドバイスはあくまで賢者の意見であり，文章作成のための規則ではない。この調査を行ったのはかなり前である。しかし，そのアドバイスは，当時と同じ妥当性を持っている。というのも，執筆に必要な技能と思考過程は変わっていないからである。

■ 1．論文は最初から英語で書くべきか

　調査に参加した日本人の同僚は，いくつかの理由から全員が最初から英語で書くと答えた。翻訳すると不自然な日本語風の英語になってしまう，あるいは，実際最初から英語で書くよりも時間がかかる，などの意見もたびたび聞いた。さらに，「日本語で書くと，ネイティブにとってはぎこちなく，系統的でなく，非論理的なスタイルになってしまう」というような意見も多かった。

　しかし，日本語が用いられることもある。研究者の中には英語で書く前に論文のアウトライン（または見出し）を日本語で書く人たちもいたのである。その中の1人は，むずかしい専門用語のところを空欄にしておいて，あとで辞書で調べてからそこを埋めると答えている。読者の方々が何かを書くときに英語で考えをまとめることには無理があろう。だからといって，考えたことをその

まま英語に翻訳するならば，結果として原稿はかなり不自然なスタイルになってしまう。最初に日本語で書くべき唯一の理由はその方が簡単に思えるからである。しかし，努力を惜しむなら書く力は上達しないことを覚えていてほしい。最初から英語で書く習慣を身につければ，時間の節約にもなる。特に，海外留学の機会があれば，最初から英語で書く習慣を身につけるよい環境を手に入れることになる。

■ 2．日本語と英語のロジックには違いがあるか

驚いたことに，日本語と英語のロジックの間に差があると思っている日本人研究者はほとんどいなかった。何年か前，わたしたちは「英語小論文の書き方―英語のロジック・日本語のロジック―（加藤・ハーディ，1992）」という本を持っていた。この本の題名を見た日本人は，「日本人は外国人とは異なる様式で考えるため，日本人のことを理解するのはむずかしいのだ」という考え方をますます強めてしまうであろう。このような紋切り型の考え方は，わたしたちの調査した日本人研究者の考え方と矛盾する。おそらく，日本人が原稿を最初に日本語で書いてその後で直接英語に翻訳する場合にはロジックの差異が現れるのだと思う。

もちろん，詩は言語によって異なる。だが，詩を雑誌に投稿すべきではない。科学的な文章作成においては，言語を越えた明確で本質的なロジックの差はないと思う。しかし，日本人が書いたものとネイティブが書いた文章の間には差がある。なぜならば，大部分の日本人が翻訳法を用いて英語を学習してきたからである。この傾向は，大きくて重い和英辞典と英和辞典を用いていた時代でも，翻訳アプリの備わったスマートフォンを使う時代でも変わっていないと思う。

■ 3．論文はネイティブにチェックしてもらうべきか

この調査に参加した熟練研究者達でさえ，そのほとんどがいまだに論文をチェックしてもらっている。それゆえ，読者の方々もチェックしてもらったほうがよい。時間がないときはチェックをとばすという研究者もわずかにいた。だが，第8章においても述べるように，その時は英語だけではなく内容に関してもチェックしてもらおう。ネイティブと共著の場合であれば，ネイティブの共

著者にあなたの書いた部分をチェックしてもらえばよい。しかし，ほとんどの場合は誰か手伝ってくれる人を捜さなければならない。

　わたしたちは，「わたしの英語を推敲して下さい（Please polish my English）」という表現が好きになれない。「推敲する，磨き上げる（polish）」という単語は，あなたの書いた物があとは磨けばよいだけの宝石であることを意味する。だが，どれほどすぐれた著者であっても，考えている内容についての建設的なフィードバックは必要なのである。したがって，この場合は，polish よりも check を使う方が適切である。また，誰にチェックしてもらうかについても注意を払う必要がある。というのも，すべてのネイティブが英文を直すのが上手という訳ではないからである。プロの翻訳家の場合はさらに注意しなければならない。というのも，心理学の素養がある翻訳家はほとんどいないからである。また，翻訳ソフトにあまり頼りすぎてはいけない。心理学論文の執筆には独自のスタイルが必要とされることを考えれば，ほとんどの場合，適切な英語を生成してくれるとは思えない。

■ 4．辞書やその他の参考書を用いるべきか

　調査に参加した研究者の数人は APA（American Psychological Association：以下，APA）から出版されている *APA Manual* を使うと答えたが，これはみなさんも見習わなければならない。また，英英辞典，心理学辞典，科学用語辞典，英文法の教科書，Merriam-Webster's Collegiate Dictionary（with CD），あるいは，和英辞典などの助けをかりていると答えた研究者もいた。さらに，和英辞典については貧弱な訳しかのっていないと批判する研究者や，辞書は使わないようにしているという研究者もいた。

　インターネットやコンピュータ上でスペルチェック，文法チェック，さらには，電子辞書を用いている研究者がほとんどであった。しかし，その中の1人は，文法チェックはあまり役に立たないと答えた。なぜならば，文法チェックはネイティブ向けに作られており，日本人によく見られる誤り（a, an, the など）については解説してくれないからである。最低限でも *APA Manual* とコンピュータによるスペルチェック・文法チェックは使うべきである。だが，最も頼りとすべきは練習と経験である。

（D. シュワーブ & B. シュワーブ）

コラム2

◇◇◇日本と欧米の科学論文の間に，言語を越えたロジックの差はあるか？

　投稿に際して「常識や思考方法の異なる文化圏の研究者にアイデアをうまく伝えることができないのではないか」というような不安を抱く大学院生は多い。では，日本と欧米の思考方法の間には本当にロジックの差があるのだろうか。

　この問題に関してはこれまでにさまざまな議論が行われてきており，ここで単純明快な結論を下すことはむずかしい。だが，欧米の研究者と議論をしていると，論文に表れないところでやはりロジックの差があるかもしれないと感じることがある。たとえば，欧米の研究者が新しい考え方を構築する場合には「自分の考えが従来の考えと較べていかに優れているか」という点を最も重要視しながら研究を進めることが多い。言い換えれば，欧米の研究者は1つの現象について複数の考え方が存在することを認めないようなところがある。一方，日本の研究者はそのような複数の考え方の共存に関しては比較的鈍感であり，先行する考え方を打ち倒すことにより新しい考え方を構築するという思考方法にはあまり慣れていないように思われる。

　欧米の編集者とのやりとりにおいてこのことを実感したことがあった。それは，ある行動現象についての理論論文を投稿したときであった。第一稿では，「従来とは違った考え方を提案するだけでも掲載される価値がある」と考えて，従来の理論の問題点についてはあまり詳しく触れなかった。ところが，編集者は「従来の理論を概観し，新しい理論と従来の理論についての評価を明記しなければ出版することはできない」というようなコメントを返してきた。

　また，ある実験装置を紹介する論文を投稿したときにも同じような経験をした。当初は，「ある手続きを実現するために複数の装置が存在することはよいことである」と考えて，装置の作り方に重点を置いて原稿を書いた。だが，審査者の1人は「同様の装置がすでに市販されているので新しい装置は限られた効用しか持たない」というような否定的なコメントを書いた。貴重な紙面を消費するためには，市販の装置にとってかわるだけの利点がなければならないというのである。

　どちらの場合も，「研究とは明確な論理的関係を持った知識・方法体系の構築である」ということを改めて実感した。このことをしっかりと認識しておけば，「あなたのアイデアが従来の考え方よりも優れていることを明確化せよ」という編集者の反応にうまく対処することができるであろう。

(高橋雅治)

要約を書く

　要約の質は，雑誌の編集者が論文を審査する際の重要な要因ではない。しかし，論文の要約と題名は原稿の中で最も重要な部分である。どうして要約が重要なのであろうか。なぜならば，要約は実質上の第1段落であり，読者に第一印象を与え，読者はそれを手がかりにして読むべきか読まざるべきかを決めるからである。加えて，要約はコンピュータ検索のためのデータベース（たとえば，PsycINFO）の中に記録される。要約から抽出されたキーワードは，院生や研究者がオンライン・コンピュータの文献検索により論文を探し出すために用いられる。そして，論文を探し当てた人々の90％以上は要約しか読まない。

　論文が掲載されている雑誌の購読者でさえ，論文のすべては読まないであろう。あなたが雑誌の新しい号を郵便で受けとったときに何をするかを考えてみよう。あなたはおそらく目次を見て興味を引く題名を探すであろう。さらに時間があれば，どれがおもしろいかを調べる第2の手段としてそれぞれの論文の要約を少し眺めるであろう。もし要約がよく書けていれば，その先まで読まれる確率はより高くなるであろう。そこで，ここでは要約を書くために1つの章を費やそうと思う。日本人に共通の誤りを強調するために，日本人心理学者によって書かれ，その後わたしたちが校正した4つの要約を以下に掲載する。未完成の草稿をここに載せることを許可していただいた著者の方々にわたしたちは感謝したい。彼らはネイティブによる修正を期待して要約を書いたのであり，まさか草稿が本に掲載されるとは思ってもいなかったのである。人生何が起こるか分からない。たとえエキスパートに校正してもらえない場合であっても，要約は注意深くチェックして完璧にしておくべきである。

1.「良い」要約の特徴

　以下のガイドラインは *APA Manual* からの借用である。だが，それらのガイドラインに従っていない要約が雑誌に掲載されている例を目にしたことがあ

ると思う。というのも，通常，編集者は（要約を書き直すよう命じることはあっても）論文本体の方に関心があるからである。だが，要約が以下のガイドラインに従っていれば，より多くの読者がデータベースの中からあなたの要約を見つけだして論文を読んでくれるであろう。

正確に（accurate）

　要約には論文の目的が正確に書かれていなければならない。そして要約に書かれている目的は，論文本体に書かれている目的と同一でなければならない。要約の中に，論文自体に書かれていない結果や解釈を書いてはならない。不正確な要約の例を後掲の例3に示す。そこには研究に参加した自閉症児の年齢が書かれていない（"23 children with autism"）。年齢は，発達研究についての論文ではかならず書いておかなければならない基本事項である。年齢は論文本体に書かれていたが，それだけでは十分ではない。

簡潔に（concise）

　要約では単語の無駄遣いをしてはならない。読者はすでに論文の題名を知っている。したがって，題名に書かれている内容を要約の中に書いてはならない。そこには，研究に関する最も重要な情報のみが書かれていなければならない。研究の結果や重要な発見でさえ，そのすべてを書く必要はない。「The main findings were as follows（研究の主な結果は以下の通りである）」などというような実際の情報を含まない表現の使用は避けるべきである。要約は100語から120語ぐらいでもよいが，それより短くてもよい。これよりも長い要約が許される雑誌も多いが，要約（abstract）とまとめ（summary）の違いを忘れてはならない。要約とは1段落のまとまった記述であり（スタイルや論理的な流れは論文と同じでなくてもよい），まとめとはその論文を短くまとめたものである（スタイルや論理的な流れを変えずに単に短くしたものである）。要約は，短いほど読まれる確率が高い。*APA Manual* は簡潔化のために①すべての数字について数詞をつかう。②省略形を使う，③能動態を使う，という3つの方法を奨励している。以下の例2と例3は他の2つよりも簡潔である。

自己評価を含んではならない（nonevaluative）

　論文本体には判断を書いてもよいが，要約には意見を書いてはならない。たとえば，例1の「These results were discussed……」という部分は評価を含

まない。評価を含む表現とは，たとえば「These results were important because……」というような書き方のことである。

読みやすい（readable）

　要約はすべての社会科学者が理解できるものでなければならない。学者以外の人にとって明快に感じられるものである必要はない。だが，そのように書ければ，それは望ましいことである。読者はあなたの専門分野のことをまったく知らないと考えた方がよい。また，要約全体を通して過去形を使うべきである。唯一の例外は最終的な結論や解釈である。それらは通常最後の文章である。例2は以下の例の中で最も読みやすい。それは単純で要点を押さえている。

筋が通るように（coherent）

　論文の各節は論理的につながっていなければならない。同様に，要約においても文章の間に筋が通っており，スムーズに読めるものでなければならない。論文の各節から文章を拾い出してワープロのコピー・アンド・ペーストによって要約に貼り付けただけでは，出来上がった要約は筋が通ったものにはならない。日本語から直接翻訳した要約もまた筋が通ったものにはなりにくい。例3では，最後の3つの文章間の筋が通っており，各文章が論理的に結びついている。

　加えて，要約は論理的に順序立てて書かれていなければならない。そのため，要約は論文の各節の順序に従わなければならない。つまり，序文（目的や問題），方法（参加者と測度），結果（2，3の重要な知見），そして結論（研究のもつ最も重要な意味の明確な記述）という順番である。以下の4つの例はすべて正しい順序で書かれている。

　雑誌の新しい号を見たときを思い出してもらいたい。あなたは1つの論文に何秒間を費やしたであろうか。読者の多くはあなたの要約をだいたい10秒間くらいしか見ないであろう。その時間内に多くの時間を費やしたくなるような良い印象を与えなければならない。良い要約とは，論文を宣伝することにより10秒間以上読みたくなるような動機を読者に与えるような要約のことである。

　最後に，現在の*APA Manual*には明記されていないが，良い要約は，自己充足的（self-contained）である。すなわち，要約を読むだけで，研究についての重要な情報のすべてを理解できなければならない。たとえば，参加者の数はか

ならず書かれていなければならないし，度量法についての簡潔な記述も必要である。要約では読者が辞書を必要とするような単語を使ってはならない。読者全員が知っているとは限らないような略語も用いてはならない。自己充足的ではない要約の例を以下の例4に示す。そこでは，tanshin-funin（単身赴任）とtaido-funin（帯同赴任）という用語が定義されていない。

■2．わたしたちが手直しした日本人心理学者による要約の例

　以下の4つの要約は，わたしたちがこれまでに手直しした日本人心理学者の要約の中ではかなり良く書けている方である。読者の方々は，わたしたちのコメントを読む前に，自分で良い点と悪い点を考えながらこれらの要約を読んでいただきたい。

●要約の例1

This study examined the longitudinal changes of novice drivers' feelings of anxiety during their first five years of driving. N=234 newly-licensed drivers answered a questionnaire by mail once each year, five times. Survey items included the driver's gender, age, driving frequency per week, anxiety about driving, perceptions of hazards, etc. Factor analysis was conducted on responses to 5 anxiety scales, and produced two factors: anxiety for one's own driving skills ("Anxiety-A") and anxiety about risky behaviours of other drivers ("Anxiety-B"). While Anxiety-A decreased as drivers became more experienced, Anxiety-B did not change over the five years. Regression analysis showed that gender and driving frequency were related to both Anxiety-A and Anxiety-B at most

第1部◆4　要約を書く

> of the times of measurement. Female novice drivers had higher anxiety scores than males. Age effects appeared only in the survey after 1 year for Anxiety-A and after 2 years for Anxiety-B. These results were discussed with regard to gender effects, the different change patterns between Anxiety-A and Anxiety-B, and connections to longitudinal changes in accident liability among novice drivers.

コメント：この論文は，「正確に」の良い例であった。論文自体も読んでみたが，重要な情報が要約の中に含まれていることは明らかであった。したがって，この要約を読んだだけで，どうしてこの研究が重要であるかを理解することができた。同時に，これは「読みやすい」とは言えない要約の例ともなっている。問題の1つは，結果の部分があまりに細かすぎるという点であった。加えて，動詞の時制に不正確なところがあり（"deals with" → "concerned"），受動態が多く（"were sent", "analyzed", "divided", etc.），さらに，"anxiety"という単語を使いすぎていた。

● 要約の例2

> Twenty-seven school children took part in an experiment which examined the development of relational concepts between duration, distance and speed. The experiment was conducted once each year from the 1st through the 6th grade. In the experiment, three toy trains ran linearly one by one at particular speeds and for particular durations and distances. Participants

~~was~~ were asked to guess relations among duration, distance, and speed. The ~~27~~ children showed not only greater progress in understanding relational concepts ~~among the three~~, but also better achievement in "speed" ~~in math at~~ math in ~~the~~ 5th grade ~~than other~~ compared with children who had not ~~taken part~~ participated in the experiment. The present results strongly suggest that ~~the following~~ this viewpoint~~s~~, ~~which are~~ introduced in math classes by ~~Monbushou~~ the Japanese Education Ministry's, make it ~~rather~~ difficult for children to understand "speed". Speed ~~is one of another kind of quantity which is~~ was calculated ~~obtained~~ by division of two ~~different~~ other quantities, and ~~is~~ was represented by distance per unit time. ← Move this sentence to end.

コメント：この要約は「簡潔に」書かれた要約の良い例であった。この要約は，ほどよい長さで，不要な単語が含まれていなかった。しかし，この要約には「筋が通った」とは言えない部分があった。どうして最後の文章を要約の前の方に書かなかったのだろうか。また，この著者は，前置詞（"to", "among", and "at"）と冠詞（"an", "the", and "a"）についてもいくつかの誤りを犯していた。

● 要約の例3

This study examined the ~~deficits~~ inability of autistic children ~~with respect to the~~ to comprehen~~sion of~~d backward pointing. Backward pointing " " refers here to when an ~~means the pointing~~ ~~by~~ experimenter pointed in the direction back behind the child's. Pointing ~~is~~ was examined here as a precursor to language and ~~is~~ as used to establish joint attention. ~~To examine pointing as a precursor~~

第1部◆4 要約を書く

~~comprehension of backward pointing were assessed.~~ To examine the joint attention function, ~~pointing to the referent~~ (the experimenter pointed at) bubbles ~~was used~~ because ~~the~~ children showed interest in ~~these~~ (bubbles). Exper~~i~~ment 1 involved 53 infants ~~from~~ (5 months to 1 year 8 months.) Exper~~i~~ment 2 involved 23 (autistic) children ~~with autism~~. The results demonstrated that (the) autistic children with (a) mental age of 13 months and above were as capable of comprehending pointing as were the infants. ~~However~~ (But) unlike the infants, the autistic children could not produce intentional behavio~~u~~rs related to sharing. ~~D~~(A)eficit~~s~~(d) in establishing joint attention among ~~the~~ autistic children appear~~ed~~(s) to be related to the concept of others as intentional agents (with) ~~who posses~~ independent psychological states~~,~~ such as interest in objects.

コメント：この要約は「自己充足的に」書かれた要約の良い例であった。わたしたちは用いられている単語のすべてを理解することができた。加えて，結果も明確で読みやすかった。しかし，この要約には「筋が通った」とは言えない部分が1か所あった。わたしたちはどうして2つ実験が行われたのかを理解することができなかった。また，各実験の手続きについてもよく理解することができなかった。さらに，文章が誤解を招くような順番で並べられていたために，いくぶん不明瞭になってしまったところもあった。

●要約の例4

This study examined the influence of husband/~~father~~ (s') absence on wives'

22

psychological stress. Women (n=180) whose husbands transferred to another city without or with (n=229) the accompaniment of their families completed questionnaires about stress reactions, child-care anxiety, children's problem behaviors, parent-child communication and father's cooperation with child-care. ANOVAs revealed that women who did not accompany (tanshin funin) their husbands reported more stress reactions such as "feeling lonely" "anxiety" and "a poor physical condition" compared with women who accompanied (taido funin) their husbands. Results of path analysis indicated that tanshin-funin wives' child-care anxiety accounted for twice as much variance in their stress reaction compared with taido-funin wives, and that tanshin-funin children's early delinquent behaviors influenced their mothers' child-care anxiety and stress. In addition, tanshin-funin wives recognized that their spouses' father/husband role performance affected children's problem behavior and women's stress. These results suggest that physical husband/father absence does not have so much of a direct negative effect on families' well-being, but physical absence plus functional absence leads to more problem behavior, and wives' child-care anxiety or negative stress.

コメント：これはとても「筋が通るように」考えられた要約であった。というのも，各文章が論理的にぴったりと組み合わさっており，全体として何を言い

たいかが明確であったからである。この著者にとっては，論文を短くすることが最もむずかしいことであったようである。この要約は169語の長さであったが，それでも要約をより明確にするためにはもっと情報を盛り込む必要があった。わたしたちが6行目から8行目の文章をどのように変えたかに注目していただきたい。わたしたちは"reported more stress reactions such as"という語句を加えることにより要約をよりわかりやすくした。また，「単身赴任」のような日本語は，最初にわかりやすく定義しておいたとしても，その後に単独で使うと欧米の読者はやはり混乱してしまう。時には単語を増やした方がよいこともある。というのも，明確さは短さよりも重要であるからである。編集者は少し長めに書くことを許してくれることもあるが，不明瞭な要約には手厳しい。それでは，要約の語数はどれくらい重要なのであろうか。原稿は論文本体の内容に基づいて受理または拒絶され，要約の語数により判断されることはない（要約は受理後に書き直すこともある）。しかし，雑誌によっては，要約の語数等の要求事項を守らないと，審査せずに送り返してくることがある。要求事項を守らないことは，雑誌への不敬や不注意を意味するので，第一印象を悪くする。要約の語数カウントには気をつけよう。

（D. シュワーブ & B. シュワーブ）

コラム③

◇◇◇ 要約がうまく書けないのですが？

　大学院生から「要約がうまく書けない」という話をよく聞く。だが，詳しく聞いてみると，「うまく書けない」という言葉には2つの意味があるようである。

　まず，「うまく書けない」とは，「何を書くべきか（あるいは何を書かないべきか）がわからない」ということを意味していることがある。この場合には，論文自体を完全に書き終えた後で要約を書くとよい。論文全体を書いてしまえば，「どのような目的でどのような研究を行ったのか，その結果，どのような結果が得られどのようなことが示唆されたのか」というようなストーリーが決まり，それに伴って書くべき事柄の相対的な重要性も決まる。したがって，あとは制限語数を考慮しながら要約に盛り込む事柄を決めればよい。

　また，「うまく書けない」とは，「英語で書こうとしても，言いたいことをどのように表現したらよいのかがよくわからない」ということを意味していることもある。つまり，「データがこのような結果を示した」，あるいは，「得られた結果からこのようなことが示唆された」というような内容を英語で表現する方法がよくわからない，という場合である。この場合には，それらの表現方法を1つひとつ覚えればよい。

　幸いなことに，要約では特定の限られた表現方法がしばしば用いられる。実際，自分の研究テーマに関連する論文の要約を10編程度集めてみれば，驚くほど似通った表現が用いられていることに気づく。たとえば，実験心理学の論文において「結果は……を示した」と言うときには，

　　These results indicate that……
　　The results of these experiments show that……

等の表現がよく用いられる。また，「結果は……を示唆している」「結果は……と一致する」，あるいは，「結果は……ということを意味している」と言うときには，

　　These results suggest that……
　　The results of Experiment 2 are consistent with……
　　The results imply that……

等の表現がよく用いられる。これらの定型的な表現をあらかじめ身につけておけば，要約を書くことはかなり容易になる。したがって，第2部においても述べるように，初めて要約を書くときは先行研究の数多くの要約を参照して定型的なパターンを身につけておくことを勧める。

（高橋雅治）

第1部 5　日本人著者に共通の誤り，および正しい原稿タイプの手本

過去25年の間に，日本人心理学者の書いた原稿を直す機会が何百回かあった。ここでは，わたしたちが見てきた日本人に共通する誤りのいくつかをまとめる。さらに，読者の方々がまねることのできるように，APAスタイルに従った正しい原稿書式の例も示そうと思う。この本ではスペースの関係から原稿の例の一部を掲載する。原稿書式全体の例については，*APA Manual* の41ページから59ページ（日本語版では38ページから56ページ）を参照されたい。

1．題名のページ

審査者は題名のページを見ない。だが，この部分が正しい書式になっていれば，編集者の第一印象は良くなる。これまでに気づいた誤りとしては，①欄外見出し（running head）とページ番号が含まれていない，②題名と著者名の間の空白が大きすぎる，③著者の所属の横に住所が書かれている，などがあげられる。③は，著者注釈に書くべき情報である。以下の例は，題名のページの上半分の正しい原稿タイプの例である（注：ここに書かれている所属はすべて論文出版時のものである）。

【題目のページの例】

Running head: JAPANESE MATERNAL PERCEPTIONS　　　　　　1

Structure and Dimensions of Maternal Perceptions
of Japanese Infant Temperament
Barbara J. Shwalb
David W. Shwalb
Southern Utah University
Junichi Shoji
Aoyama Gakuin University

■ 2．著者注釈

　APA Manual は，著者注釈は題目ページの底部につけること，および，著者注釈は4つの段落に分けて書くことを推奨している。著者脚注は，審査の際に論文本体から分離されることもある。よく見られる誤りとしては，①著者注釈自体が欠如していること，②名字と名前の順番に誤りがあること，③住所が不明瞭であること，および，④著者注釈を題名のページや審査者が読む論文本体の中に書いてしまうこと，などがあげられよう。日本人の犯す最も重大な誤りは，著者注釈が必要以上に短いことである。わたしたちのこれまでの経験では「著者注釈を短くして下さい」と編集者に言われたことはない。雑誌は，謝辞と著者の住所のためにスペースを割くことに対しては寛大である。以下の例に示したように，著者注釈は常に4つの段落に分けて書くように心掛けて欲しい。

【著者注釈の例】

Author Note

　Barbara J. Shwalb and David W. Shwalb, Department of Psychology, Southern Utah University; Junichi Shoji, Department of Psychology, Aoyama Gakuin University.

　Junichi Shoji is deceased.

　We express appreciation to Shigeo Yokoi, Atsuhiro Soeda, Kihei Maekawa, Jun Nakazawa, Kiyoshi Akabane, Hiroshi Azuma, Jusho Itoh, Tokuichiro Sugimoto, Kanae Miura, and Yasushi Oyabu. We also acknowledge the critiques of three anonymous reviewers.

　Correspondence regarding this article should be addressed to Barbara J. Shwalb or David W. Shwalb, Southern Utah University, Department of Psychology, 31 W. University Blvd., Cedar City, UT 84720 U.S.A. E-mail : shwalbb@suu.edu or shwalb@suu.edu

■ 3．要約

　以前にも述べたように，ネイティブでさえ要約をうまく書くことができず，長すぎて受理後に修正されることが多い。しかし，以下に見られるような誤りは審査者の修正を待つまでもなく，事前に正しておくべきである。すなわち，①現在形の使用，②受動態の使いすぎ，③理解できない専門用語と測定機器名

の使用，④主な結果以外の記述，⑤研究の参加者の正確な記述の欠如，⑥最初の行を5文字分字下がりにしたり，複数の段落にわけて書く，および，⑦participantという単語のかわりにsubjectを使ってしまう，という誤りである。直訳では文章間の筋が通らない。以下に，107語の長さの正しくタイプされた要約の例を示す。雑誌が海外で発行される場合は，日本人の参加者は日本人と明記されなければならないことにも注意してほしい。

【要約の例】

Abstract

This study concerned cultural influences on maternal thinking about infant temperament. A new inventory (the Japanese Temperament Questionnaire) was developed based on Japanese mothers' free descriptions of their infants' behavioral styles. Urban middle-class mothers ($N=469$) rated behaviors of their 1-, 3-, or 6- month old babies. Factor analyses indicated age-level differences in the dimensions which characterize temperament, and several factors emerged which had not been observed in related studies of Western populations. An independent sample of mothers provided labels for the factors which emerged in the analyses. The results support the idea that mothers' perceptions of infant temperament are both pan-cultural and culture-specific.

4．表

うまく書かれている表とは，論文本体を読まなくても理解することができるような表のことである。よく見られる誤りとしては，①表の内容が多すぎること（表が複雑で不必要な情報を含んでいること），③省略しすぎて不明瞭な用語が含まれていること，④表をよりわかりやすくするための「注（Note）」が無いこと，そして，⑤文字が小さすぎること，があげられる。日本人の作った表に見られる1番の問題は，表が複雑すぎるということである。表とは広告板のように一目ですぐに理解できるものであると考えよう。表があることで論文が複雑で理解しにくくなってはならない。原則として，表中の情報を結果のところで明快に記述できる場合には，表を削除した方がよい。以下の例では，スペースを節約するために，論文に掲載された24個の変数の中の9個のみを掲載した。

Table 1
Factor Loadings for Cooperation Items

Item	Factor	1	2	3	4
1. Active in homeroom and committee work		.73	.05	.13	.05
2. Counsels friend who is emotionally troubled		.72	.06	−.09	−.06
3. Helps others when own work is done early		.71	.09	.02	.04
4. Completes group's tasks to the very end		.71	−.08	.17	.26
5. Prepares for school events with classmates		.69	.03	.03	.25
6. Works happily in group no matter who partner is		.64	−.02	.13	.32
7. Helps the teacher with his/her work		.64	.07	.23	.00
8. Aids a friend who is weaker in sports		.61	.28	.06	.15
9. Participates in group studies		.60	.04	.02	.29

Note. Based on Year 3 data ($N=710$).

5. 引用文献

　引用文献の部分ではネイティブでさえとても高頻度で誤りを犯す。日本人の書いた論文を校訂していると，引用文献の誤りが修正できないほど多いことがよくある。そのような場合には，以下の引用文献の例をつけて原稿を返却し，*APA Manual* を使って書き直すことを勧めている。よく見られる誤りとしては，①必要な行間をあけていないこと，②論文で引用されていない文献を含んでいること，③日本語の文献の場合に，英訳のみが書かれておりもとの日本語が書かれていないこと（*APA Manual* の英語以外の論文の引用例を参照のこと），④本の章の場合に，章のページ数が載せられていないこと，および，⑤字下がりの誤りがあること，⑥引用文献が4，5篇しかなく，しかもその半分近くが著者自身の論文であること（学会論文集ではこれでもよいが，雑誌論文としてはこれではまずい），などがあげられる。日本人が書いた論文の一番大きな問題は，あまりに引用文献が少ないということかもしれない。以下の例では，APAの新しい字下がりのスタイルを用いている。2012年の時点では，英語による心理学論文のネイティブの著者のほとんどがこのような引用法を知らない。だが，新しいスタイルを使った方が編集者に好ましい印象を与えるであろう。

【引用文献の例】

References

Boshi Aiiku (1992). *Mother and child health handbook.* Tokyo:

Author.

　Chen, S. J., & Aiko, K. (1986). Japanese studies of infant development. In H. Stevenson, H. Azuma, & K. Hakuta (Eds.), *Child development and education in Japan* (pp. 135-146). New York: Freeman.

　DeVos, G. A. (1973). *Socialization for achievement.* Berkeley: University of California Press.

　Kawai, H., Shoji, J., Chiga, Y., Kato, H., Nakano, E., & Tsunetsugu, K. (1994). Ikuji fuan ni kansuru kisoteki kento [A study on maternal anxiety related to childrearing]. *Nippon Aiiku Kenkyujo Kiyoh, 30,* 27-39.

　Morita, H., Kurashige, T., Okuhara, Y., & Kitazoe, Y. (1995). *Chichioya no ikuji enjo to hahaoya no ikuji jokyo* [Paternal support of childrearing and mother's childrearing conditions]. Unpublished manuscript, Kochi Medical College Department of Pediatrics.

　Takeuchi, K., Uehara, A, & Suzuki, H. (1982). *Chichioya no ikuji ni kansuru ichikosatsu sono ni* [A study of father's thinking about childrearing: Part 2]. Paper presented at the annual meetings of the Japanese Educational Research Association, Kyoto.

　Vogel, E. A. (1991). *Japan's new middle class* (2nd ed.). Berkeley: University of California Press.

　Wagatsuma, H. (1977). Some aspects of the contemporary Japanese family: Once Confucian, now fatherless? *Daedalus, 106,* 16-43.

6．本文中に統計的分析を書く

　結果の節の目的は，最も重要な結果を明確に伝えることである。統計的分析が詳細に示されていないと，それだけで論文のインパクトは損なわれる。統計的分析を記述する場合によく見られる誤りとしては，①統計的な数字やp値が書かれていないこと，②ギリシア文字のχ（カイ記号）の代わりにX（エックス）を使っていること，③統計的な省略記号の使用法の誤りが含まれていること，④結果が多すぎて，有意差傾向にとどまる（marginalな）結果まで書かれていること，および，⑤数字と記号の間のスペースが小さすぎること，などがあげられる。日本から投稿された論文の中には，結果が，①最も重要である，

②やや重要である，③重要でない，のどれであるかがわからないものが多い。わたしたちは，いわゆる「新聞記事のアプローチ」を推奨する。すなわち，読者にとって重要な順番に結果を呈示せよ，である。統計的な分析を明確に書くためには，「理解するのに2回以上読む必要がある場合は書き方に問題がある」という考え方に従って書けばよい。明確にするために詳しく書かなければならない場合には，文章を長くしよう。統計についての日本人の文章は短すぎてわかりにくいことが多い。以下は，正しく書かれた統計的記述の例である。

【統計的記述の例】

More mothers than fathers responded that they would seek help with "behavior which is difficult to understand" (48.05% of mothers; 34.72% of fathers, $\chi^2(1) = 41.07$, $p = .005$).

There was a cohort effect on the Group Competition index, $F(3, 327) = 4.86$, $p = .008$, as well as a Cohort X Time of Measurement interaction, $F(6, 327) = 2.58$, $p = .032$

Mothers chose almost all other sources with greater frequency than did fathers (mean numbers of sources reported by mothers = 3.69, fathers = 2.26, $t(2, 259) = 21.64$, $p = .001$).

7．理論的根拠の欠如

論文を受理するように審査者を説得するためには，なぜその研究が重要であるかを説明しなければならない。そのような理論的根拠の部分を長々と書く必要はない。だが，それはあくまで論理的にしっかりしていなければならない。審査者の立場に立って考えれば，理論的根拠がまったくなければ投稿しない方がよいと言える。言い換えれば，その研究がその分野の理論を進展させること，既存のデータの重要な拡張であること，あるいは，その両方であることを，あなたは証明しなければならないのである。理論的根拠は序文の最初の方に書くべきである。以下は，わたしたちの研究の理論的根拠の部分である。これは，わたしたちが第1段階の審査結果を受け取ったあとで書き直したものである。

【理論的根拠の例】

　Maternal perceptions of infant temperament reflect mothers' culturally constructed values and beliefs. Therefore, one must consider the influence of culture on maternal perception of infant emotionality, personality and individuality (Super & Harkness, 1986). Unfortunately, previous cross-cultural work on infant temperament has been constrained by an emphasis on group comparisons and has relied on Western measurement instruments...（略）Therefore, rather than produce another bicultural comparison of Western temperament concepts, in the present study we investigated the meaning and contents of temperament in a non-Western society...（略）Chen, Hoshi, and Kusanagi (1992) concluded that research on native Japanese-based concepts of temperament and personality is badly needed. The present investigation therefore addressed gaps both in the Western literature (i.e., for single-culture exploration in non-Western populations) and in the Japanese literature (i.e., studies of native-based temperament concepts).

8．バランスの欠如

　序文，方法，結果，および考察の分量的なバランスが欠如した論文は多い。たとえば，日本人の書いた考察は短すぎることが多い。時には，その研究と先行研究との関連性が考察の部分に書かれていないことがある。また，将来の研究を示唆したり，研究の成果がどのような点で限定されるかなどについて触れているものも非常に少ない。驚くべきことに，すばらしい研究報告で始まった論文が，たった1ページの考察で終わっていることもある。論文の各節の割合は話題と知見によって異なる。だが，一般に，序文や考察があまりに短いと論文の印象が悪くなる。序文と考察が長すぎる場合には修正の過程で短くすればよい。だが，短すぎる場合には「発表するアイデアがあまりない」と審査者に思われてしまう。したがって，論文を書く努力のほとんどは序文と考察に費やすべきである。考察が苦手なのは，日本人だけではない。わたしたちが見てきたアメリカ人の論文の一番大きな弱点もまた考察である。アメリカ人は，序文において自分の研究がいかに重要であるかを説明することには非常に長けてい

る。だが，アメリカ人もまた考察において結果を解釈することがあまりうまくない。

　バランスのとれた論文を書くためには，まず，論理的で説得力のある序文を書くことが重要である。ところが，アメリカ人の書いた序文と較べて，日本人の書いた序文はしばしば説得力に欠けており，時には研究の重要性について謙遜しすぎているものも見受けられる。また，文献を包括的に評論しているにもかかわらず，研究が文献にどのような価値を付加するのか，あるいは，研究デザインや尺度の合理的な根拠は何かなどの点が明瞭でない論文が多い。

　加えて，論文の各節のつながりもバランスと関係する。序文で自分の話題について重要な問題を提起したならば，考察においても必ずその問題に立ち返り，自分のデータがそれらの問題とどのように関連するかを書かなければならない。結果のところで特定の知見を詳しく述べた場合には，考察のところでその知見を解釈する必要がある。序文で理論的根拠を明快に述べたなら，得られた知見はそれらの理論的根拠と関連していなければならない。論文の4つの節を別々に書いてもよいが，書き直しの時にそれらを論理的につなげるようにしないと論文全体の意味が失われてしまう。このようなつながりの欠如の主な原因は，論文を書き始めてから理論について考える著者が多いためであろう。それでは遅すぎるのである。

■ 9．段落構造

　日本人が書いたものは，段落構造の論理性が弱いと批判されることがある。たいていの段落は，1つの要点を念頭に置いて書かなければならない。そして，それぞれの文章が直前の文章と論理的につながっているかどうか，さらには，段落全体と論理的につながっているかどうかをチェックする。そして段落を書き終えたら，段落の最後の文章が最初の文章と論理的につながっているかどうかをチェックする。さらに，段落全体をもう一度読んで，要点がわかりやすく書かれているかどうかもチェックするのである。論理的な段落を書くという問題は，練習と経験によって解決することができる。また，日本語から翻訳するのはやめて，最初から英語で書くこともこの問題の解決に役立つと思う。

　わたしたちを指導してくれた大学院のアドバイザーは，「これでは論理的な

流れを持つ文章になっておらず，単にバラバラなアイデアの羅列（list）にすぎない」といって，わたしたちの書いたものを批判した。いまやわたしたちは編集者となり，日米の著者をまったく同じように批判している。第1稿を書く際には，論理構造をそれほど意識する必要はない。だが，次の日には，原稿がアイデアの羅列になっていないかどうかをチェックし，もし羅列になっていたらここで述べた方法に従ってそれぞれの文章を書き直さなければならない。

このことに関連して，段落の最初と最後の文章をわかりやすくすることもまた重要である。「怠惰な執筆（lazy writing）」は，貧弱な執筆を表すためによく用いられる表現である。だが，怠惰な読者がいるのも事実である。怠惰な読者の第一の傾向は，段落の最初の文章と最後の文章しか読まないことである。あなたの読者の中にも怠惰な読者がいることを考えれば，最初と最後の文章は特に単純明快にしておくべきである。

■ 10. 文法

本書では，紙面の関係から文法について詳細に説明することはできない。だが，日本人は冠詞（a, an, the 〈注〉：第2部第2章では説明されている），前置詞（in, of, on），代名詞，および，数（単数と複数）の用法において多くの誤りを犯すようである。日本人の知り合いの研究者に「英語で書くときに一番むずかしいことは何ですか？」と聞くと，多くの人は「文法」と答える。だが，日本人研究者の文法はネイティブによって簡単に直すことができる。したがって，読者の方々は原稿の内容（説得力のある議論，各節のバランス，理論的根拠，流れ）の方に注意をはらった方がよい。これらの問題は文法よりもはるかに重要であり，それらは欧米人の論文にも同じように見受けられる弱点である。

コンピュータの文法チェックは有用であるかもしれない。だが，それは，ネイティブによるチェックの代わりにはまだ成り得ない。読者の方々が欧米の心理学者に論文をチェックしてもらう時は，論理，バランス，明確さ，理論的根拠，解釈などの問題について質問すべきであり，文法的な問題についてのみ質問すべきではない。文法が下手なことは審査者の目にはマイナスにうつるが，審査者の最大の関心事は文法ではない。

11. 見出し

　日米の著者の多くは見出しを正しく使っていない。これは審査者に悪い印象を与える。見出しについて覚えておくべきことは，以下の通りである。APAスタイルには5つの見出しのレベルがある。

　　　Centered, Boldface, Uppercase and Lowercase Heading　　…①

Flush Left, Boldface, Uppercase and Lowercase Heading　　…②

　　Indented, boldface, lowercase paragraph heading ending with a　…③
period.

　　Indented, boldface, italicized, lowercase paragraph heading　…④
ending with a period.

　　Indented, italicized, lowercase paragraph heading ending with　…⑤
a period.

---

　①中央に置かれた，大文字と小文字の混じった見出し
　②左端揃えの，ボールド体で書かれた，大文字と小文字の混じった見出し
　③字下げされ，ボールド体で書かれた，ピリオドで終わる，最初が大文字
　　で残りが小文字の段落見出し
　④字下げされ，ボールド体のイタリック体で書かれた，ピリオドで終わる，
　　最初が大文字で残りが小文字の段落見出し
　⑤字下げされ，イタリック体で書かれた，ピリオドで終わる，最初が大文
　　字で残りが小文字の段落見出し

　わたしたちは，原稿では通常①から③の3つのレベルを使っている。
　博士論文の場合にはレベルが5つであることもめずらしくないが，雑誌論文の9割以上では3つのレベルしか使われていない。レベルの使い方がまずいと審査者に悪い印象を与える。また，4つ，あるいは，5つのレベルの見出しは混乱を招きやすい。そのため，できれば3つのレベルを使うことを勧める。3つのレベルを使うなら，①・②・③を用いる。そして，もし4つのレベルが必要なら，①・②・③・④を用ればよい。次の例は，わたしたちが育児につい

ての既刊の論文で用いた2つの節（結果と考察）で用いた見出しである。

【見出しの例】

Method

Participants

Procedures

    Data collection.

    Questionnaire content.

Results

Where do Parents Get Information or Advice?

    Actual use of information sources.

    Possible sources of advice and information.

Do Parents Want or Utilize Information from Professionals?

    Desirable sources of information.

    Who accompanies the child?

    When can parents accompany the child?

　見出しで疑問形を使うのは一般的ではない。だが，この場合は，読者の興味を引くためにあえて疑問形を用いている。見出しのより詳細な使い方については，*APA Manual* を参照されたい。原稿の見出しと実際に印刷された見出しは異なっているので，原稿を書くときにはいろいろな間違いを犯しやすい。ここで紹介したパターンはとても単純なので，これらを覚えておくとそのような誤りを避けることができるであろう。

(D. シュワーブ & B. シュワーブ)

コラム4

◇◇◇序文と考察をうまく書くためのポイントを教えてください

　大学院生から,「序文と考察がうまく書けないのですが,どうしたらよいでしょうか」という質問を受けることは多い。

　第3章のコメントにおいても述べたように,序文をうまく書くためのポイントは自分の研究を先行研究と論理的に関連づけることにある。言い換えれば,

　①これまでにどのようなことが明らかにされているか（事実）
　②どのような理由で本研究が行われたのか（仮説）

という2つの論点を明瞭に説明する必要があるのである。ところが,日本の院生が書いた序文の中には,かなり独創的な研究内容であるにもかかわらず「試しにこんな研究をやってみました」というような過度の謙遜表現を多用している例や,あるいは,研究にさまざまな問題が含まれているにもかかわらず良い点ばかりを強調した誇大広告のような表現を用いている例がしばしば見受けられる。

　このような日本の大学院生の多くが適切で的確な自己主張を苦手とするのは,自分が他者とは違った考え方を持ち,かつ,その妥当性を適切な論理に従って主張する訓練の少ない,いわゆる画一的な教育を受けてきたためであるかもしれない。また,日本では研究者間の直接的な競争場面があまり存在しないので,自分の研究が他人の研究よりも優れていることを主張することにあまり慣れていないこともその一因であろう。いずれにせよ,序文の第一の使命は,見知らぬ他人を納得させるだけの説得力を持っていることである。

　一方,考察では,自分が見つけた結果が先行研究とどのように関連するのかを詳しく書かなければならない。特に,

　①結果とその解釈が従来の知見とどの程度一致するのか（妥当性）
　②結果とその解釈はどのような点で一般性が限定されるのか（限界性）
　③今後どのような展開が考えられるか（可能性）

という3つの議論は必ず必要である。ところが,日本人の院生の書いた論文の多くは,「得られた結果は従来の考え方と一致する（あるいは一致しない）」というような驚くほど短い議論しか書かれていないことが多い。これを改善するための最も有効な方法は,あらかじめ大量の先行論文を読んでおくことである。

　しかし,かくいうわたしも,議論不足とは知りながら不十分な考察を投稿してしまうことが多い。もちろん,考察があまりに短いとすぐに掲載を断られてしまう。だが,多少の不足であれば博学の審査者が多角的に補ってくれる。

（高橋雅治）

第1部 6 雑誌編集者からのアドバイス：投稿における共通の誤り

■ 1．よく見られる誤り

　わたしたちは，審査制度のある心理学雑誌をいくつか選び，その編集委員に対して過去に審査した投稿論文についての意見を求めた。それらの委員が編集に関与している雑誌は，次のようなものであった。

Child Development, Cognition, Developmental Psychology, Behavioral Brain Science, International Journal of Behavioral Development, Ethos, Fathering, American Anthropologist, Journal of Personality and Social Psychology, Journal of Applied Developmental Psychology, Merrill-Palmer Quarterly, Journal of Cross-Cultural Psychology, Journal of Experimental Child Psychology, Human Development, Parenting: Science & Practice, Psychological Research, International Journal of Psychology, Cross-Cultural Psychology Bulletin

　ここでは，審査過程についてのわたしたちの質問に対する彼らの返答のいくつかを引用し，さらにわたしたちの意見も述べようと思う。この章は読者の方々が「何をしてはならないか」および「何を試みるべきか」の両方についての道しるべとなるであろう。

　わたしたちは，知り合いの欧米の研究者にも，論文審査ではどのような誤りがよく見受けられるかについて尋ねてみた。その結果，W. Gabrenya 氏は，「母国語が英語である心理学者に限った場合でさえ，上手な著者よりも下手な著者の方が多く，審査した論文にはおよそ想像できるすべての誤りが含まれていた」と答えた。それらの誤りの多くは，日本人の心理学者の書いたものだけにあてはまるものではない。このように，編集者は数え切れないほどの誤りに慣れている。したがって，論文に誤りが含まれていると思っても投稿をためらう必要はない。

要約の誤り

　審査者が要約についてコメントすることはめったにない。通常，編集者が要約の直し方を伝えてくるのは受理の後である。すでに述べたように，編集者は要約の書き方に関するAPAのガイドライン（特に要約の長さ）についてはわりと寛容であり，論文の受理と掲載拒否は論文自体の内容に基づいて行われる。しかし，第3章でも述べたように，要約は非常に重要である。わたしたちが意見を求めた欧米の研究者は，要約に最も多く見られる誤りとして次の5つをあげている。

　①長すぎる，あるいは，短すぎる。
　②細かすぎる，あるいは，大雑把すぎる。
　③研究の実際の知見を明確に述べていない要約がある。
　④不明瞭である。
　⑤方法に対して注意を払いすぎており，知見に対して十分に注意を払っていない。

　研究者のB. Rogoff氏の言葉を借りれば，要約とは「読み続けると何を知ることが出来るかを読者に伝えるためのアナウンスであり，読者を論文に誘い込むだけの魅力を持っていなければならない」のである。すでに出版されている要約を読めば，この目標に到達した要約はとても少ないことがわかる。論文を読んでもらうための広告のような要約を書こう。

スタイル（文体）の誤り

　編集者のM. Bornstein氏は，「*APA Manual* 全体に述べられているスタイルの規則とガイドラインのすべてについて，それが破られている実例をすくなくとも一度は見たことがある」と述べている。しかし，なかには，以下のように多くの論文に共通する誤りがある。したがって，これらの共通する誤りを避けることができれば，読者はあなたの論文が他の論文よりも優れていると思うだろう。

　①原稿の余白が小さすぎる，あるいは大きすぎる。
　②ハイフンが使われすぎている。
　③コンマが多すぎる，あるいは，括弧が使われすぎている。
　④本の章を引用する場合にページ数が書かれていない。

⑤引用が正確になされていない。
⑥見出しが間違って使われている。
⑦表の使い方が下手である。
⑧図を多用しすぎる。
⑨引用文献での著者名表記の際,コンマの後を詰めてしまうこと。
　〈例〉正：Shwalb, D. W.,
　　　　誤：Shwalb,D. W.,
　参考までに,句読点とスペースの使い方の例を挙げておく。
- コンマ,コロン,セミコロン(, : ;)の後に1スペース
- 個人名のイニシャルの後に1スペース
- 引用文献の各部を分けるピリオドの後に1スペース
- 文章の終わりのピリオドの後に2スペース

　APAスタイルの原稿では,これらのルールの誤りがよくみられる。
⑩数字表記の仕方が誤っている。1〜10は言葉で,また11以上については数字で表記すべきである。

　編集委員の故 H. Stevenson 氏が述べているように,「人々は *APA Manual* を注意深く読んでおらず, *APA Manual* に掲載されているモデル論文を注意して見た人はほとんどいない」のである。第1部第5章には,読者の方々が真似をすることができるように,APAスタイルでタイプした例を載せてある。だが,驚くべき事に,APAスタイルを学ぶことに時間を割くアメリカ人の著者はほとんどいない。おそらく欧米では論文の出版をあまりに急いでいるので(つまり,「出版か,クビか(publish or perish)」という世界なので),上手に書くことを学ぶ暇がないのであろう。加えて,オンラインでAPAスタイルのガイドラインを手軽に参照できる時代となり, *APA Manual* を細部まで読み込む著者の数が減少しているのかもしれない。

構成の誤り

　構成の問題は,日本人とアメリカ人の論文に共通して見られる。つまり,日本人の犯す誤りは欧米人の書いた論文にもまた見られるのである。以下に述べる問題の多くは投稿前に2,3度書き直すだけで回避できるものであり,書き直しについての審査者の意見を待つほどの問題ではない。しかし,論文に何か

月もかかりきりで頑張っていると，客観的で論理的な視点に立てなくなることもあろう。そのような場合は，いわゆる部外者だけがより良い構成法を提案できるものである。したがって，第8章でも述べるように，論文を投稿する前に研究仲間から広く意見をもらうとよい。また，複数の著者の論文では，各著者が序文や方法等の節を分担することも多いが，その際も，各著者が互いに修正しあうとよいであろう。わたしたちが質問をした編集委員の方々はよく見られる構成上の誤りとして以下のものをあげている。

①考察では，結果のまとめや繰り返しに多くの紙面を割く必要はない。結果を解釈することの方が重要である。

②論文で同じことを2回，あるいはそれ以上主張してはならない。たとえば，序文で同じことを2回書いたり，序文と考察で同じことを主張したり，方法のところで同じことを2回主張するのはよくない。これは貴重な紙面の浪費である。

③序文が長すぎてはならない。

④論文の主眼点を書く場所が後ろ過ぎる。主眼点は最初に書き，その主眼点を中心にして論文を構成していくべきである。

⑤アイデアの呈示順序が論理的でない。

⑥序文において，研究の背景となっている過去の知見と関連しないような仮説を述べることは論理的に間違っている。

⑦同様にして，研究の方法が序文で述べた理論からどのようにして導かれるのかを示さないと，論文は論理性を欠いたものとなる。方法をいくら詳しく書いても，その測定法を選んだ理論的根拠が無ければ，得られた結果の価値は小さくなる。

⑧考察では，根拠が薄弱で説得力のない解釈がよく見られる。たとえば，得られた結果の意義や研究の重要性をおおげさに述べている場合などである。

⑨根拠のない結論が見受けられる。なかには，結果に基づいていない結論や，時には結果と矛盾する結論を導く著者もいる。

⑩結果の節では，結果を重要度の高い順に書くべきである。結果をカテゴリーや話題の順に書くと誤解を招いてしまう。ある結果は他の結果より

も重要であり，重要な結果は強調しなければならない。さもなければ，最も重要な結果があまり重要でない結果の中に埋没してしまう。

　論文の構成を改善するにはどうしたらよいのだろうか。そのためには，論文の最も単純なレベルから最も複雑なレベルへと順に進んでいけばよい。まず，段落の中の1つひとつの文章を見て，それらが論理的に結びついているかどうかを確かめなければならない。それから，段落間の論理的な流れや結びつきについて同じチェックを行い，次に，各節の中の小さな節の間に関して，さらには，序文，方法，結果，考察という論文の4つの節の間に関して同じチェックを行う。そして最終的には，論文全体をざっと読んで（逐語的に読むのではない），論文の最初に最も重要なアイデアが述べられ，次にそのアイデアを支持する証拠と解釈が明確に述べられているかどうかをチェックする。全体的な進行は，典型的には，次のようになる。「一般的なアイデアを最初に置く」→「特定のアイデアを論文本体に置く」→「一般的なアイデアを論文の最後に置く」。この方法はとても単純だが理にかなっていると思う。わたしたちがこの方法に従ってチェックを行うようになったのは大学院を卒業して数年たってからである。また，わたしたちがこれまでに編集した論文の多くは，このような方法に従ってチェックされていなかった。次回に英語論文を書くときにはこの方法を是非試してほしい。これは良い習慣である。

2．概念的な問題

　「概念的（conceptual）」という単語は，「構成的（organizational）」よりも複雑なものを連想させる。編集委員に「概念的な」誤りとしてはどのようなものがあるかについて質問したところ，以下の項目をあげた。構成的な問題の場合と同様に，それらの問題を直すこともむずかしいことではない。

　①著者が読者の視点に立っていない（これらは編集委員のL. Siegel氏による）。

　②思考が不明瞭な場合には書いたものも不明瞭となる。原稿を雑誌に投稿する前に自らの研究について十分に考察しない著者がいる。これもまた早く出版しなければならないとせかされているためかもしれない。

　③著者が論文で一番言いたいこと（主眼点）を読者に伝えていない。

④心理的過程や心理的なメカニズムが，研究に参加した人々の視点や，文化の視点に立って書かれていないことがある。
⑤理論的な展開が欠如している。特に異文化比較の研究ではこれが多い。
⑥文化についての考察が欠如している。
⑦論文がその研究分野に貢献するものであることを，読者に納得させていない。
⑧研究計画が不十分で，研究で問われている疑問に答えることができていない。

論文が研究の結果を提示するだけにとどまり，概念的な展開をまったく示していなければ，審査者と編集者は掲載を拒否するかもしれない。あるいは，審査者と編集者がデータ自体はとても重要であると考えたなら，彼らはその論文を概念的に展開させるための建設的な批判を与えてくれるかもしれない。以下にわたしたちが審査者から受け取ったそのような批評の例を示す。

- 気質とは何であるかについてのより綿密な分析を行えばこの論文はより良いものとなるであろう（A more searching analysis of what temperament is would improve this paper.）。
- すべての審査者が一番懸念しているのは，この論文ではより明確でより完全な発達像を記述する必要がある，ということである（The primary concern of all the reviewers is the need for a clearer and more complete developmental picture.）。
- 解釈がかなり表層的であり，理論的に弱い（Interpretations are rather superficial and theoretically weak.）。

審査者はこのような漠然とした批評だけではなく，その内容についても詳しく述べ，なぜ論文が概念的あるいは理論的に弱いのかについて説明をしてくれることもある。しかし，通常は，審査者が論文を概念的に展開させる方法について明確に述べることはない。彼らは弱点を指摘し，なぜそれらの弱点が克服されなければならないのかについては説明してくれる。だが，アイデアを再考するという仕事は，あなたのために残しておく。なぜならば，それはあなたの学問的な貢献であり，審査者の学問的な貢献ではないからである。さらに，著者は自らの研究話題のエキスパートであるのが当然とされており，著者が概念

的な展開を行うことができない，というのではすまされないことも忘れてはならない。審査者の批評に威嚇されてしまうのではなく，それらの批評は建設的なヒントであり挑戦であると考えればよい。雑誌の編集者は，自らの役割を，科学への貢献と奉仕，および，エキスパートのフィードバックに基づいて同僚が論文を改善することを助ける教育であると考えている。したがって，論文について再考する時には，まずはあなた自身が創造的であることが要求される。あなたは，1人の知識人として自分のアイデアを概念的に展開させてゆく過程に対してきっと満足感を持つであろう。

■ 3．学会大会投稿における誤り

　学会大会への投稿原稿は，雑誌論文の要約より長い。だが，それは雑誌論文の原稿よりはずっと短い。学会投稿原稿においてみられる誤りは，論文自体についての誤りと似ている。多くの研究者は学会の投稿原稿を審査したがらない。なぜならば，内容があまりに短いために評価がむずかしいからである（1人の審査者が1ページの要約を1週間に30件も与えられることもある）。発表論文は簡単に受理されることもある。だが，学会によっては競争が非常に激しいこともある。受理される可能性を大きくするために，知り合いの熟練研究者は以下の点を避けることを勧めている。

　　①理論的根拠が不明確である。
　　②アイデアや知見全体の質が低い。
　　③記述における正確さが欠如している。
　　④長すぎる，あるいは，短すぎる。
　　⑤重要な概念の定義が不十分である。
　　⑥測定の技法が十分に記述されていない。
　　⑦アイデアや結果を表す質のよい文章を書かずに，箇条書きを使ってしまう。

　投稿者は限られた情報しか書くことが出来ず，審査者は競合する数多くの論文を短時間で審査しなければならず，そして，審査者の多くは論文の専門領域からはかけ離れた研究者である。したがって，あなたの論文の方が強力であるにもかかわらず掲載を拒否され，たいしたことのない論文が受理されたとしても驚くには当たらない。最近は，多くの学会において，ポスター発表の場が増

加してきているが，シンポジウムや口頭発表の場は逆に減少している。その結果，受理される確率は発表の仕方によりまちまちになってきている。加えて，学会発表原稿は短く，かつ，短期間に審査される。そのため，審査の正確さは雑誌への投稿よりも低いのである。

■ 4．投稿により学んだこと

「最初に英語で書き始めた時にはわからなかったことで，その後，論文投稿の過程を経験することによって学んだことは何か」を編集者と審査者に尋ねたところ，以下のような返答が得られた。彼らは皆，経験から恩恵を受けており，何年もかかってこれらの洞察を得た。わたしたち自身も雑誌に論文を投稿し始めた院生の頃は，このような賢明さを持ち合わせていなかった。

① 「わたしは，序文における研究の記述方法が必要以上に重要視されていることを学んだ。このため，審査者に研究の重要性を納得させることができさえすれば，沢山の塵屑（junk）が出版される」（W. Gabrenya 氏より）。言い換えれば，思わず釣り込まれるような論理的根拠を序文で呈示されると，審査者は非常に心を動かされる。

② 「編集者と戦っても意味がない。審査結果はあなた個人に対して向けられたものではない。また，審査者が誰であるかを解明することに時間を浪費してはならない。審査結果を初めて読んだ時は，それらが驚くほど長く，細かく，否定的で，がっかりするものである。だが，そのような審査が標準であるということを認識すべきである」（T. Weisner 氏より）。したがって，皆さんは，他の研究者の書いた論文を批評する練習をするとよいかもしれない。それは，読者の視点を理解し予測するための助けとなる。編集者は，何の報酬も無しに，ただボランティアとして，研究雑誌と論文投稿者のために多大なる時間を提供している。同じく，審査者もボランティアとして時間を提供してくれているのである。したがって，尊敬と感謝の念を持って接しなければならない。論文やアイデアについて審査者があなたと同じように考えてくれる，などと考えてはならないのである。

③ 「審査者は，あなたの研究をあなたと同じほどには理解しないかもしれ

ない。だが，彼らの審問や懸念は，言いたいことをより明確に述べるための助けとなる」（B. Rogoff 氏より）。言い換えれば，審査者があなたの書いたものを誤解した場合，あなたはけっして防衛的な態度をとってはならないということである。審査結果は読者のために論文を改善する機会を与えてくれるものだと考えよう。自分にとって審査者と編集者は敵ではなく味方であると考えるべきである。

④「複数の研究をまとめた1つの論文の方が，研究の一部だけをまとめた複数の短い論文よりもはるかに有効であると思う」（故 H. Stevenson 氏より）。1つの研究をいくつかの雑誌のために分割することは APA の方針にも反する。にもかかわらず，2つの異なった理論的な議論を行うためや，2つの異なった読者層に語りかけるために，1つの研究が複数の研究論文に分けられている例は多い。しかし，論文の量よりも質の方が重要である。

■ 5．書き直しのための2つのポイント

　第1章でも述べたように，書き直しはわたしたちが心理学論文の著者として身につけた最も重要な技能である。では，どうやって論文を書き直したらよいのだろうか。わたしたちは，論文全体の文章を1つひとつ眺めながら次の2点を考える。すなわち，①「どうやったらこの文章を短くすることができるだろうか」，および，②「どうやったらこの文章をよりわかりやすくすることができるだろうか」の2点である。まず，論文全体を通して，これらの点をチェックする。次に2，3日の間，論文を温めておいて，それから前述の2点を念頭におきながらもう一度論文全体を読む。この過程を何回も何回も繰り返すことにより，ようやく論文が仕上がったと満足できるようになる。しかし，驚くべきことに，投稿して書き直しを命じられた後も，先ほどのチェックをさらに数回も繰り返す必要があることに気づく。このようなチェックの過程がネイティブであるわたしたちにとってさえ必須のものであるとすれば，日本人が第1稿や第2稿を雑誌に投稿することが出来るはずがない。以下に文章の書き直しの例を示す。最初，この本のこの段落の8行目あたりには次のような文章が書かれていた。

> After many corrections, we are satisfied with the rewriting, which to us is then polished.

これは正しくわかりやすい英語である。だが，可能な表現の中の最良のものではない。あなたならどのように書き直すだろうか。この文章の第2稿は次のようなものであった。

> We are satisfied with the paper's quality after numerous repetitions of this process, and only then do we consider the writing 'polished.'

5か月後にはこの文章を次のように書き換えた。

> Only after numerous repetitions of this process are we satisfied that the paper's quality is 'polished'.

さらにその4か月後にこの本の初校を直したときには，次のように書きかえた。

> We are only satisfied with the paper as 'polished' after numerous repetitions of this process.

何年かして，私たちは，さらに次のように書き換えたくなった。

> We are finally satisfied with the paper as "completed" only after several repetitions of this process.

それから7年後の現時点では，さらに次のように書き換えたいと思っている。

> We are finally satisfied that the paper is finished, only after several repetitions of this process.

これらの文章はどれも文法的には正しく，自然な英語を用いている。それでも書き換えるごとに，文章は改善されているのである。

第2稿では文章が長くなっているが，最終的には16語まで短くなっていることに留意されたい。また，最終的な文章では，主語（We）を最初に置くことに

した．英語では，主語＋述語という順序の方がより一般的である．しかし，このルールはネイティブでさえ忘れがちである．

　書き直しとは，彫刻に類似した過程であるように思われる．まず，骨組み（論文の概要）を作る．そして，望むべき形を大雑把に作るために持っている泥を骨組みにつける．（すべてのアイデアを書き込む）．つぎに，その彫刻をより正確な形にするために不要な泥を取り除く（前述の例のように，論文を短くしたらわかりやすくする編集を行う）．もし作品が奇妙でバランスが悪いと思ったらさらに泥をつけ加えて（さらに単語を書き加えて），それからもう一度表面をなめらかにする（短くわかりやすくする）．このようにして何回も泥（単語）を加えたり取ったりすることによって，彫刻はしだいにわたしたちの望むイメージに近づいて行く．もちろん次の日には作品がひどいものに見えることもある．その時は再び削り直し（編集）をはじめるのである．このアナロジーが妥当であるかどうかは別として，書くことや書き直すことが創造的な過程であるとは確かだと思う．

　原稿の書き直し方は研究者によってさまざまであり，万人に適した方法をここで述べることはむずかしい．第 2 部の第 4 章においても書き直しを効率的に行うためのヒントが日本人の視点から述べられるので，それらも参考にしながら自分に適した書き直しの方法を身につけてほしいと思う．(D. シュワーブ & B. シュワーブ)

コラム5

◇◇◇研究のコンセプトについての問題とは？

　研究とは知識を進歩させる試みであり，論文とはその報告である。したがって，どのような研究であっても，研究のコンセプト（つまり，その研究がその分野の知識をどのように展開させることを試みたのか）について説明することはきわめて容易であるように思われる。それにもかかわらず，多くの原稿が審査においてコンセプトについての問題を含むと指摘されるのはなぜだろうか。

　その理由は，実際には知識の系統的な進歩以外の発想で行われた研究が数多く存在することにあるのではないかと思われる。たとえば，日常的なひらめきから行われた研究や，まったく関係のない他分野の研究からヒントを受けた研究は数多く存在するであろう。その場合，自らの研究を既存の知識体系と論理的に関連させながら説明することはかなりむずかしい。

　したがって，研究のコンセプトをうまく説明できない場合や，審査者からコンセプトについての問題を指摘された場合に，「研究自体が否定されてしまった」と考える必要はない。むしろ，「説明しにくいのは，それだけ新しい考え方が含まれているからである」と肯定的に考えよう。コンセプトがあまりに自明であるということは，研究が無難でおもしろくないということを意味しているのかもしれない。

　雑ぱくに言ってしまえば，審査者とのやりとりとは，自分の研究と先行研究の間の関係を意識化・明確化し，自分の研究を学問体系の中に定位する過程であるといえよう。ある分野の知識の体系的な構築を目的とする特定の研究者集団に自らの研究成果を伝達するためには，この過程を避けて通ることはできない。だが，この過程を効率的に処理することをあまりに重要視すると，「画期的な展開の可能性を秘めているが，無意味な努力に終わってしまう可能性も大きいような研究」を行うことはむずかしくなる。また，これとは反対に，この作業をあまりに長い間怠ると，論文で用いている学術用語の意味が本来の意味からしだいにズレ始めたり，すでに間違っていることが証明されている知識に基づいて研究を展開したり，さらには，他の研究者がすでに解決している問題を解決するために貴重な時間を費やしたりする可能性が大きくなる。

　現時点では既存の知識体系内に定位することができないような研究は，明確なコンセプトを持った着実な研究と同じくらい（あるいはそれよりもはるかに）重要である。だが，遠い将来どのように重要になるのかを他者に説明できない研究は妄想に終わる。

（高橋雅治）

第1部 7 APA Publication Manual，および他の参考書の利用

■ 1．必要性

　欧米の雑誌に適したスタイルと内容を持った論文を書くためには，*APA Publication Manual*（6th Edition, 2010）を用いる必要がある。「日本人の心理学者はどうしたら英語論文の書き方を改善できるか」という質問に対して，知り合いの熟練研究者の1人はたった1文の解答を寄せた。それは「彼らに*APA Manual*を読ませなさい」というものであった。

　しかし，このマニュアルだけでは十分ではない。このマニュアルは272ページ程度の分量で，日本語訳も出版されているため，頑張ればすべてに目を通すことができる。だが，*APA Manual*は英語のネイティブのために書かれたものであり，主に論文執筆についての技術的な点について論じている。したがって，最初から*APA Manual*のすべてに目を通す必要はない。むしろ，少しずつ使うように心掛ければよい。

　本書は，*APA Manual*の代わりの参考書になることを目的としていない。したがって，この本はあくまで*APA Manual*と一緒に使っていただきたい。ただし，この本や*APA Manual*を単に購入するだけでは，あなたの書く力は上達しない。上達するかどうかは結局あなたの努力しだいである。*APA Manual*のオンライン版もある。だが，第6版の*APA Manual*は，以前よりも軽く，かつ，短くなっており，できれば購入した方がよい。

■ 2．購入

　*APA Manual*はとても重要なので，その購入方法を以下に掲載する。*APA Manual*はアメリカから直接購入する方が安いが，日本の書店で購入する場合の番号は，ハードカバーの場合がISBN 1-4338-0559-6であり，ソフトカバーの場合はISBN 1-4338-0561-8である。

APA Manual の使い方を学ぶためには，やはり APA から出版されている次のワークブックをお勧めする。

> American Psychological Association (2009). *Mastering APA style : Student's workbook and training guide.* Washington, DC : Author. （学生のためのマニュアルは，ISBN 0-978-1433805578，先生のための情報源のガイドは，0-978-1433805585）

これも *APA Manual* と同じ住所かファックスに注文すればよい。ワークブックの価格は＄29.95（Instructors）と＄24.95（Students）である。このワークブックがあれば APA スタイルの数多くの技術を使う練習をすることができる。

なお，www.apa.org/books から情報を得ることが出来る。また APA の国際事務室（Office of International Affairs）とコンタクトをとる場合には，international@apa.org へ，会員資格等については membership@apa.org へ，雑誌・本の購入部門（Order Department）とコンタクトをとるためには order@apa.org へメールを送るとよい。なお，会員になれば本も雑誌も多少安く購入できる。

3．*APA Manual* の使用

経験を積み重ねるにつれて，*APA Manual* のどの部分が最も役に立つかがしだいにわかってくる。それらの重要なページには，参照しやすいように付箋紙をつけるとよい。また，時間を節約するために，よく使う見出しにペンで印を付けておくと重宝する。

APA Manual を初めて使う人のために，特に役に立つと思われる項目の詳細を以下に示す。それらの中でも特に重要と思われるページは太字で書くことにする。これらを参考にして *APA Manual* に付箋紙を付けていただきたい。これらは，読者がマスターすべき不可欠な項目であり，実際の内容はこれらよりもはるかに詳細である。

【APA Manual の中で特に役に立つと思われる項目のリスト】
(カッコ内は日本語版のページを表す)

序文　4ページ　第5版からの変更点

第1章　行動科学及び社会科学の論文執筆　9-11ページ　論文のタイプ (p.1-3)

第2章　原稿の内容（節）
　　　23-24ページ　タイトル，著者，所属，著者注釈（すべてタイトルページに記載）(p.17)
　　　25ページ　要約 (p.20)
　　　27ページ　序文 (p.22)
　　　29ページ　方法 (p.24)
　　　32ページ　結果 (p.28)
　　　35ページ　考察 (p.31)
　　　37ページ　引用文献と脚注 (p.33-35)
　　　41ページ　原稿の例 (p.38)

第3章　明瞭かつ簡潔に書く　61-63ページ　**構成** (p.57-61)
　　　65-70ページ　文体 (p.61-79)
　　　77-84ページ　文法と語法 (p.79-90)

第4章　文体の仕組み
　　　87-95ページ　句読点法とルール (p.91-102)
　　　96-100ページ　綴りとハイフン (p.102-107)
　　　101-104ページ　大文字 (p.107-112)
　　　104-105ページ　イタリック体の使用（アンダーラインに取って代わった）(p.112-114)
　　　106-110ページ　略語 (p.115-121)
　　　111-114ページ　数字 (p.121-125)
　　　114-115ページ　メートル法 (p.125-126)
　　　116-122ページ　**統計と数学の表記** (p.126-133)

第5章　結果の表示
　　　125-128ページ　一般的なガイドライン (p.135-138)
　　　128-149ページ　表 (p.138-161)
　　　150-161ページ　図 (p.161-179)

第6章　出典の表示
　　　　　　174-179ページ　文章中での文献引用（p. 187-194）
　　　　　　180-192ページ　引用文献表（p. 194-208）
　　　第7章　引用文献の例
　　　　　　198-214ページ　**文献引用のすべてのタイプの例**（p. 210-239）
　　　第8章　出版の過程
　　　　　　241-243　原稿投稿時のチェックリスト（大変有用である）
　　　　　　（p. 268-269）

　先にも述べたように，*APA Manual* の第6版は，272ページの分量であり，439ページもあった第5版よりも短くなっている。また，論文は，常に新しいガイドラインに沿って投稿されることが特に重要である。第6版は第5版と比べて多くのガイドラインが変更されているため，英語で投稿するならこの新しい方の *APA Manual* を所有していることが大切である。しかし，第6版の規範に自信がないからといって，投稿をためらうことはない。2012年の時点では，雑誌の編集者は，著者たちがまだ第6版のガイドラインの変更に完全には気づいていないことについて，まだ理解を示してくれている。　（D. シュワーブ & B. シュワーブ）

コラム6 ◇◇◇ *APA Manual* はどうしても読まなければならないのですか？

　極度の競争場面に直面している欧米の研究者と較べれば，日本の研究者や大学院生はいわば「牧歌的な時代」を生きてきたと言えよう。だが，そのような状況も次第に変わってきているようである。実際，最近何人かの日本の大学院生から，「*APA Manual* はどうしても読まなければならないのですか」という質問をされたことがある。つまり，一刻も早く出版したいので，できれば *APA Manual* は読まずに済ましたい，というのである。

　結論から言えば，英語で論文を書く場合には，一度は *APA Manual* に目を通した方がよい。それは以下の理由による。

　まず，著者が APA の書式に従わない場合，結局はどこかの時点で誰かにそれを直してもらうことになる。審査者が書式の誤りについての詳細な指摘を原稿一杯に書き込んでくれることもある。また，原稿受理後に出版原稿の整理係（copy editor）が書式の細かな誤りを丁寧になおしてくれることもある。いずれにせよ，本来は著者が行うべき作業を他の人たちに強制的に押しつけることは，倫理的に好ましくない。

　また，APA の書式に従っていないことを理由に掲載を断られることがある。もちろん，それのみが掲載を断る理由とされることはないであろう。だが，審査者が掲載拒否という自分の結論をできる限り補強するために，APA の書式からの逸脱を指摘することはよくある。内容以外の事柄によって掲載を断られることは，著者にとってきわめて不本意なことである。だが，審査者の立場に立って考えれば，議論を有利に運ぶために否定的な材料をすべて持ちだそうとすることは当然であるとも言える。このことは，論文の審査がさまざまな事項についての総合的な判断に基づいて行われることを意味している。

　さらに，当然のことながら，審査者のほとんどは APA の書式に慣れ親しんでいる。そのため APA の書式から逸脱した原稿は，わたしたちが想像する以上の認知的な負荷を審査者に要求することになる。そのため，場合によっては審査者がそのような原稿を読むこと自体に苛立ち始め，それが論文の内容に関する判断に微妙に影響するということもありえるだろう。

　だが *APA Manual* を読んでいる間に論文が一本書けるような気がするのも事実である。APA の書式で書く能力を身につけるために長い時間を費やしすぎて研究の内容が疎かになっては本末転倒である。だが，書式の誤りが多すぎると受理の可能性は確実に低くなる。

（高橋雅治）

8 研究者のネットワークを作り他の研究者の意見を求める

■ 1. 研究者仲間を作るために

　欧米人の心理学者の多くは，投稿前に原稿を研究者仲間にチェックしてもらう。したがって，読者の方々が，専門家の高度な意見をもらわずに英語の論文を投稿するのは現実的ではない。しかし，欧米人の研究者仲間がいない場合にはどうしたら意見をもらうことができるのだろうか。この章ではその方法を提案しようと思う。

　良い意見を得るために重要なことは，同じような興味を持った心理学者のネットワークを形成することである。ネットワークを作るためにはいくつかの決まった方法がある。以下では，読者の方々が研究者グループを作る際に真似ることのできるいくつかの手紙や電子メールの見本を示そうと思う。手紙は電子メールよりもフォーマルであり，返信しにくい。それゆえ，単なる問い合わせには電子メールを使うことを勧める。電子メールの場合であっても，第一印象を良くすることは役に立つ。あなたやあなたの仕事のことを知らない人に問い合わせる際には，(1)その人にメールを書くことを選んだ理由，(2)あなたの所属と地位（たとえば，an "advanced masters [doctoral] student at the [university name]" など），(3)返信で行ってほしいこと（別刷り，尺度のコピー，アドバイス等）を確実に伝えるべきである。受信者が簡便に（時間を浪費せずに）返信できるように常に心がけよう。

　研究についてのアイデアを得るため，および，原稿を投稿するために，わたしたちはそのようなネットワークと定期的に接触する。たとえば，以前，わたしたちは幼児の気質についての論文を書いたことがあった。ところが，投稿に際して，雑誌の編集者がわたしたちの研究をどのように評価するかが今ひとつわからなくなってしまった。もしわたしたちの研究が平凡なものであれば，あまりに良い雑誌に投稿することは避けたかった。なぜなら，そんなことをする

と編集者に悪い印象を与えるからである。一方，あまりに弱小な雑誌に送ることも避けたかった。なぜなら，もし論文の価値が高いなら，それは有力な雑誌に掲載されて多くの人に読まれるべきであるからである。そこで，この問題に関連する論文を出版したことのある心理学者に，アドバイスを求める手紙を書いた。彼の意見は次のようなものであった。

> "I read your very interesting paper... I was intrigued by your approach and impressed by the large sample sizes... I think the article has promise... I think you should have a review of cultural views of individuality and presonality, both in general and for infants... In the Discussion I would include more directions for future research... I am surprised that you eliminated all the age-specific items from your questionnaire..."

これにより，わたしたちはレベルの高い雑誌に論文を投稿する自信をもつことができた。そこで，個性と性格についての文化的な見方についての展望を書き加え，さらなる研究の可能性についての示唆を追加し，そして，質問紙項目のいくつかをなぜ削除したかを注意深く説明した。驚いたことに，その論文は *Developmental Psychology* に pending revison で受理された。一番よくみられる編集上の判断は，「revise and resubmit」である。これは，受理ではない。投稿に際してグループから意見をもらわなければ，この論文はまず読まれることのない無審査の大学紀要の形で出版されていたと思う。

2つめの例は，今わたしたちが書いている父性についての論文である。今回はすでに投稿する雑誌を決めていた。そこで，同僚にわたしたちの決断に同意するかどうかを尋ねてみたのである。彼の意見は次のようなものであった。

> "Very interesting historical date on patterns of change and stability in fathering. What might strengthen the paper is a section at the front that would summarize these historical factors and mechanisms, and offer some thoughts on which would matter for what aspects of fathering... You could use the internal diversity within Japan in paternal activity levels to talk about why variation exists in the results for other variables... I would like to see some field notes and qualitative data included to give more meaning and life to the stats. I hope these comments are

helpful for an important study. These data will get cited..."

これらのコメントに基づいて，わたしたちは序文に因果的なメカニズムを明記し，歴史的要因をさらに詳しく概観するように序文を拡充した。また，考察の部分には個人的な観察結果をさらに追加し，そして，投稿までに可能な限り論文を補強した。わたしたちは，その論文を *the International Journal of Behavioral Development* に投稿しようと思っていたが，彼の建設的な意見を聞いて自分の選択が正しいという確信を持って投稿することができた。その結果，その雑誌から批判的ではあるが激励のコメントが送られてきた（そのコメントは第10章で引用する）。

どちらの例においても，論文は出版可能なレベルまで大幅に改善された。さらに，わたしたちのもっとも最近の投稿経験を紹介しよう。最初，同僚のひとりは，原稿を二流の雑誌へ投稿するように勧めてきた。わたしたちは，それには従わず，一流雑誌の編集委員をやっている人のアドバイスに基づいて，一流と二流の間の雑誌に投稿した。ところが，その雑誌の編集者はたった2週間で「受理できそうにない」という返事を送ってきた。かれは，審査者に原稿を送らず，かわりに建設的な批評を送ってきたのである。そこで，かれのアドバイスに基づいて，わたしたちは現在二流雑誌に投稿するように原稿を書き直している。これらの経験は，雑誌とのコミュニケーションが，原稿と編集者と雑誌に依存していることを示している。他の研究者の意見を聞いて改訂をしていなかったら，おそらくどの場合も掲載を拒否されていたであろう。

■ 2．心理学会を通じて接触を開始する

欧米人は大学院でネットワークを作り始める。これは日本でも同様である。だが，日本人心理学者の多くは，誰の紹介もなくゼロから欧米心理学者とのネットワークを作り始めなければならない。海外の心理学者を1人も知らず，自己紹介の手紙に名前をあげる人が誰もいない，ということもあるかもしれない。すべてを郵便や電子メールにたよっても良いネットワークをうまく作ることが出来る。だが，ネットワークを作るための最も良い方法は，海外の学会に出席することである。

ほとんどの国際学会では英語が標準語である。だが，良い結果を得るには，

どれに参加してもよいというわけではない。たとえば、APAの大会は最も大きな心理学の大会であり、都合の良いことに毎年8月の夏休みの時期に開かれる。だが、それよりも小さな学会に参加する方が、同じ専門の心理学者と会う確率は高い。たとえば、多くの社会心理学者はSociety for Personality and Social Psychologyの大会に、認知心理学者はCognitive Science Societyの大会に、そして発達心理学者はSociety for Research in Child Developmentの大会に参加する。これらは専門的な学会であるが、研究者や学生が何千人も参加する大規模な学会もあることに注意してほしい。学会に参加した時は、ほとんどの時間を1人で歩き回ってもあまり意味がない。学会は見ず知らずの人々に出会う機会なのである。ネットワークを形成するためには、同じ興味を持つ人と出会わなければならない。したがって、参加する学会は、開催日と開催地よりも内容で選ぶべきである。渡航のために冬期の授業に2、3回出席することが出来なくなるかもしれない。しかし、ネットワークを形成する機会としては、美しい海辺で開かれる夏の学会よりもそのような学会の方がよいのである。もし研究者仲間がみんな浜辺にいたり観光に出かけたりしていたなら、あなたは見知らぬ人と知り合いになることは出来ないであろう。

　欧米文化圏以外の研究に対しても好意的である国際的な心理学会の大会は、ネットワークの形成には特に有用な場所である。なぜならば、そのような大会の参加者は他の文化圏からの研究者に会うことに興味を持っているからである。しかし、定期的な参加者は、（国内の大会と同様に）すでに形成したネットワークのメンバーと再会することにほとんどの時間を費やす傾向がある。したがって、そのような大会でもやはり出会うための努力が必要である。そのような大会としては、次のようなものがある。

　　International Society for the Study of Behavioral Development, International Association for Cross-Cultural Psychology, APA Division 52: International Psychology, World Federation for Mental Health, Society for Cross-Cultural Research, International Congress of Psychology, International Congress of Applied Psychologyなど

　これらの学会は欧米文化圏以外からの投稿に対して好意的な雑誌を後援しているので、ネットワークを形成するにはよいグループであるといえよう。その

ような大会に参加する前に，自分の専門分野の研究者がその学会に属しているかどうか，あるいは，その学会の大会に参加するかどうかを調べた方がよい。その学会の後援する雑誌の内容が自分の研究と関連しているなら，その学会に入会するとよい。参加する学会の選択は，あなたの好みによる。親密でリラックスしたペースの小さな学会を楽しむ人もいれば，多くの招待講演や講座のある大規模学会が好きな人もいる。その上で大会のプログラムを購入すれば，誰が毎回発表しているかを知ることが出来る。あるいは，大会に初めて参加する時の目標を，次の大会でどの心理学者に会いたいかを調べることにしてもよいであろう。

　ほとんどの学会は，組織の詳細についての情報を得ることのできるウェブサイトを持っている。しかし，学会に加入する前に，メーリングリスト，会員資格，大会等の詳細についてメールで問い合わせることは合理的である。

【学会への問い合わせメールの例】

International Council of Psychologists
Department of Psychology
Southwest Texas State University
San Marcos, TX 78666 USA

Dear ICP Secretary General:

　I am very interested in becoming a member of the International Council of Psychologists.

　It would be very helpful for me, as I decide whether to join ICP, if I could view copies of the programs from recent conferences of the association. Let me know what the cost of these materials would be.

　Thank you in advance for your assistance.

Respectfully,

Jiro Tanaka, Ph. D.
jirot@univ.ac.jp

■ 3．大会での出会い

　学会大会に参加することを決めたら，参加する心理学者に手紙を書いて大会で会う段取りをしてみるのもよい。ある人の名前がプログラムに掲載されていたからといって，その人が学会に参加するとは限らない。その人は忙しくて1日しか参加しないかもしれないし，連名で他の人が発表するだけかもしれない。このような段取りは，初めての大会参加ではむずかしいかもしれない。その場合には，その大会にはどのような心理学者が参加するのかを知り，次の大会で誰に会いたいかを決めることに専心すればよい。学会参加には費用がかかるので，参加するか否かをインフォームドの状態で意思決定できるように，メールで大会の詳細について問い合わせることはとても合理的である。もし会いたい参加者ができたなら，初めてコンタクトをとるための手紙の見本としては以下のようなものが考えられる。学会の前にコンタクトをとり，会う時間をはっきりと決める方がはるかに効果的である。

【コンタクトの手紙の例】
Dear Dr. Davy Shwalb,

　I am very interested in your research on cognitive dissonance, and wonder if we could meet briefly at the upcoming meeting of the World Congress of the World Federation for Mental Health. I plan to attend, and will be staying at the Baltimore Hyatt from April 3-5.

　Will you be at those meetings? Please let me know by e-mail reply how I may contact you in Baltimore. I hope that we can get together for a chat. Thank you for your consideration. [（論文を同封した場合には，）I enclose a reprint of my work on cognitive dissonance.]

Sincerely,
（署名）
Andy Gorder, Ph. D.
Associate Professor of Educational Psychology

　大会で特定の人間に会う段取りをあらかじめ整えていない場合でも，自己主張の強い人間であれば誰かに出会うことができる。たとえば，大会のレセプシ

ョンは，大学の提供するものも含めてすべて参加してみよう。レセプションが公に宣伝されていれば，それは誰でも参加できるものであり，プライベートなパーティではない。また，多くの大会ではメッセージ板が設けられているので，知り合いになりたいと思っている人に対して以下のようなメッセージを提示することもできる。

【メッセージの例】

(1)
Dear Dr. Connie Merz,

　　I am Professor Naoko Bunden of Kyushu University, Japan. I am very interested in your work on avoidance, and would like to chat with you. Can we have coffee some time? If it is convenient for you, please leave me a message here with a good time and place to meet. I will be at the conference through Thursday. Thank you.

Naoko Bunden, Ph.D.

(staying at Baltimore Hilton)

(2)
Dear Dr. Becky Franz,

　　I am Professor Yohei Yamada of Nagoya University. I am interested in your research on temperament, and wish to meet you briefly to chat. I will attend your session on Thursday morning, and hope to speak with you afterwards. Thank you for your kindness.

Sincerely,

Yohei Yamada, Ph.D.

　返答に，"Meet me at my session" と書いてあることがある。あなたは，セッション後に会う時間を計画するかもしれない。しかし，参加者の中には大変忙しく，また，とてもたくさんの人と会うことを要求されている人もいるので，セッションでは1分間も話せないかもしれない。したがって，そのあとで再び会うこと（あるいは電子メールでやりとりすること）について，どうやって同意してもらうかについての計画を考えておこう。

　シンポジウムやポスターセッションでは，参加者どうしの自己紹介がよく行われるので，その時にコーヒーを飲む時間を作るように試みてみよう。たとえ

ば,「コーヒーをおごりましょうか (Can I buy you a cup of coffee?)」と言えば,それで友好的な誘いになる。ポスターセッションではしばらくの間話をすることができることもあり,そのような場合には個人的に会う必要がないかもしれない。もし個人的に誰かと会うならば,電子メールのアドレスが書いてある名刺や,あなたの研究の抜き刷り,あるいは,その人の発表や論文の抜き刷り請求の葉書などを手渡するとよい。学者は,面と向かって直接なされた請求には喜んで答えるものである。

　会いたい人が有名人でなければ,おそらく注意を向けてくれたことを得意に思い喜んで会ってくれるであろう。もしその人がとても有名な人物であれば,セッションの前後に,その人物と話をしようと思っている若い心理学者や大学院生がその人物の友人の後ろに一列に並んでいることがよくある。その場合には辛抱強く待ち続けることが肝要であり,その人物と接触して少なくとも名刺と抜き刷りを渡すまでは決してあきらめてはいけない。欧米の心理学者のほとんどは名刺を使わない。だが,「日本に帰ってから手紙のやりとりができればありがたいのですが (I hope we can correspond after I return to Japan あるいは I will write to you from Japan など)」というような説明をすれば,その人物の住所,電子メールのアドレスを聞くのは失礼にあたらない。有名な心理学者でさえ,抜き刷りをもらうことを得意に思う。なぜならば,多くの見知らぬ人が彼らに頼み事をするけれども,そのお返しに何かを差し出す人はほとんどいないからである。また,たとえ抜き刷りを手渡しただけであったとしても,あとで手紙を書くときには,「学会でお会いしましたね」と書くこともできる。これにより,手紙での自己紹介は随分と楽に運ぶであろう。相手が他の人と話している時に,自分の順番を待ちながらその人のすぐそばに立っていても,学会では失礼には当たらない。学会の大会で人と出会うという技術は練習によってのみ上達する。したがって,たとえ失敗をしたとしてもくじけずに頑張ろう。なお,会った人には,帰国後に友好的なお礼の手紙を送ることが望ましい。

名刺について

　欧米の心理学者は通常名刺を使わない(カウンセラーやセラピスト等は使うようである)。もっとも,最近では,アメリカの大学でも名刺(英語では,"business cards")を使うようになってきた。しかし,学会で人に会うときや論

文の抜き刷りを郵送するときには名刺を渡してもよい。表に日本語が書かれていて裏に英語が書かれている名刺は，欧米の心理学者にとっては面白いかもしれない。だが，この場合，日本語は必要ではない。

　以下に名刺の例を示す。西洋人の多くは日本人の苗字と名前を区別することができないので，苗字はすべて大文字で書いてもよい。名刺では Prefecture や City という単語を使うとよい（もちろん，machi や cho などの日本語を使ってもよい）。インターネットのアドレスはより有用である。そして，電子メールにはあなたの連絡先情報のすべて（住所，ウェブページのアドレス，電子メール，フルネーム，所属等）を入れておくべきである。また，あなたの電話番号の前には，海外からかけるのに必要な011-81-という番号をつけるとよい。肩書きには，Professor（教授），Associate Professor（准教授），Full-time Instructor/Assistant Professor（講師），Assistant Professor（助教），Postdoctoral Scholar（博士取得者），Part-time Lecturer/Adjunct Lecturer（非常勤講師），Graduate Student（院生），Doctoral Candidate（博士取得予定者；学位論文以外の卒業論文のすべてを終えている場合）という英訳を書こう。もし学位を持っているなら，博士号の場合には Ph. D.，修士号の場合は M. A. という語を使おう。名刺の英語の綴りには注意しよう。これまでに英語の誤りがある名刺をたくさん見てきたが，誤りがあると印象が悪いものである。

【名刺の例】

```
              Tokyo University
    Faculty of Letters, Psychology Department
           Yoshiko TANAKA, Ph. D.
      Associate Professor, Experimental Psychology

  Kichijoji 3-1-1-906     Internet : xyz0072@psych.or.jp
  Musashino City          Fax : 011-81-423-31-8686
  181-0001 Japan          Phone : 011-81-423-31-8392
```

4．抜き刷りの請求と交換

　以下では，手紙で接触を開始する方法を提案しよう。無遠慮に頼み事をするのではなく，抜き刷りの請求によって自己紹介から始めるのはよいことである。

抜き刷り請求と一緒にその人物がすぐに読めるような自分の研究の短い要約を送るのである。そのような抜き刷り交換のための手紙の例を以下に示す。

【抜き刷り請求の手紙の例】
Dear Dr. Tom Nichols,

I am very interested in your work on autism. Would you please send me the following reprint by e-mail attachment (if available):
　Nichols, T. (1995). Autism : A review of the literature. *Childhood Autism,* *14*(3), 13-18.
　Attached is an abstract of the paper I presented on a similar topic last year. I hope you find it of interest. Thank you for your consideration.

Sincerely,
Masahiko Miyake, Ph. D.
Chiba University
Faculty of Education
Yayoi-cho, Chiba 281 Japan

P. S. My E-mail is miyake@chiba.ac.jp

抜き刷りを交換したいなら手紙を書く必要があるが，単に相手の抜き刷りを請求するだけなら葉書で十分である。多くの心理学者が何百もの請求カードを送る。その場合，手書きの部分は住所，著者名，および，引用についての情報だけである。請求カードのすべての部分を印刷する人もいる。だが，必要な情報の部分は手書きの方が良い印象を与える。抜き刷り請求の例を以下に示す。

抜き刷り請求のために葉書を送ることは，今も容認される。だが，それは極めてまれであり，電子メールで送る方がずっと便利で役に立つ。

【抜き刷り請求の例】
Dear Dr. Tony Merz,
I would greatly appreciate a reprint of your paper, ＿＿＿＿＿＿＿＿
＿＿＿＿＿＿＿＿＿＿＿＿＿＿＿＿＿＿＿＿＿＿＿＿＿＿＿＿＿＿＿＿，
and/or any other related works. Thank you very much for your kind

consideration.
Sincerely,
（署名）
Yukio Hirakoshi, Ph. D.　　　　　Fax : 011-81-824-776-9999
Psychology Department　　　　Internet : saiwaiotoko@hirodai.ac.jp
Hiroshima University
Senda-machi 2-25-3
Nishi-ku, Hiroshima
730 Japan

　手紙の方がはるかに丁寧で公的な感じがする。だが，返事をもらう確率は葉書の場合と同一である。2000年頃からは，別刷り請求の依頼は電子メールで行うことが標準になってきたが，いまだに，地上郵便（いわゆるカタツムリ郵便）により請求することもできなくはない。しかし，インターネット上で論文本体のpdfファイルを入手できるようになっているので，多くの学生や研究者にとって，著者に別刷り請求を行う必要はなくなっている。多くの研究者がpdfファイルにより論文をすぐに送ってくれるだろう。だが，まずはオンラインで探し物を見つけるように頑張ってみよう。見知らぬ人に別刷りを航空便で送ることはとても不便で負担を感じることを忘れてはならない。抜き刷りをもらったら礼状を書いた方が相手に良い印象を残す。以下は，礼状の例である。

【礼状の例】

Dear Dr. Lori Niven,
　Thank you very much for sending me your reprint about Down syndrome form *Child Development* '11. I have read it carefully and I think it will be very valuable for my work on retardation.
　To show my appreciation for your help, I enclose a copy of a paper I wrote on a similar topic. I hope you find it interesting. I also hope that we have the chance to meet some day.

Sincerely yours,
Kayla Hollon, M. A.

　抜き刷りの請求は，論文のコレクションを充実させるためだけに行うのでは

ない。それは，他の研究者たちとの手紙のやりとりを開始し，自分自身のネットワークを作るための方法でもある。誰に手紙を書くかは，雑誌を読んで決めることもできる。APAスタイルの雑誌なら著者の住所が掲載されている。また，Web上で，学会の会員名簿，あるいは，大学の図書館などで住所や電子メールのアドレスを調べることもできる。もし手紙を書いてそれに大学名，市，州，および，郵便番号のみを書いて送った場合，それが届く確率は50％くらいであろう。住所に自信がない場合，よほど確信が無い限りはDepartment of Psychologyと書くべきではない。間違ったDepartmentに送られるよりは大学の郵便室あてに送られる方がまだましである。郵便室に送られれば，誰かが正しいDepartmentを探してくれる。

なお，アメリカの学者の間では郵便よりも電子メールを使う傾向が強くなってきている。加えて，アメリカの大学のほぼすべてがホーム・ページを開設しており，そこから各研究者とコンタクトをとるための情報を得ることができる。個々の研究者もまた個人のホーム・ページを開設するようになると思う。今日ではほとんどの教授が個人のウェブサイトを持っている。加えて，博士課程の大学院生は，しばしば学部のウェブページ上に電子メールアドレスと共に掲載されている（中には個人のウェブページを持っている者もいる）。したがって，わたしたちはソーシャル・ネットワークング・サービスよりも，電子メールを使うことを勧める。個人のネットワーキングサイトは学生や一部の教授の間で人気があるが，個人との職業的なネットワーキングにはいまだに好ましくない。専門組織により管理されているソーシャル・ネットワーキング・サイト（たとえば，フェイスブックの教育機関所属学生向けのページなど）であれば，学生向けのネットワーキングの手段として容認できる。

■ 5．フィードバックを求める

学会の大会で誰かと知りあうことができたなら（あるいは，見知らぬ人とコンタクトを取る勇気さえあれば），欧米の心理学者に自分の論文に対するコメントを求めてもよい。ここでは，より良いフィードバックを得るためのヒントについて述べよう。

まず第一に覚えていてほしいのは，論文の内容を心理学者にチェックしても

らうことは，文法や語法をネイティブにチェックしてもらうこととはまったく異なるということである。最初の段階としてなら，表現をよりわかりやすくするためのチェックをしてもらってもよい。だが，それでも投稿する前に論文の内容についてのチェックを受ける必要がある。お金を払えばより注意深いチェックを受けることができることもあるが，いつもお金が必要というわけではない。心理学者ではない友人や英語の先生に頼んでもよいが，経験のないネイティブの著者の書いた英文の大部分は，あまり良くないということは覚えておいてほしい。ネイティブなら誰でもあなたの書いたものをうまく直すことができると考えてはならない。英語をうまく直せる人はとても少ないのである。したがって，原稿を見てもらう人は注意深く選ばなければならない。同様に，論文を批評してもらう心理学者についても同じくらい注意深く選ばなければならない。心理学者であれば誰でもあなたに良いフィードバックを与えることが出来るとは限らない。したがって，Ph. D. を持っている人なら誰でも質の高いコメントを与えてくれると考えてはならない。何故か。それには2つの理由がある。まず①その人物は論文の細かい部分について詳細なチェックを行うように動機づけられていないかもしれない。さらに，②彼の文法は貧弱で自分の書いたものをいつも誰かにチェックしてもらっているかもしれないのである。日本人は英語を読むのが上手なので，平均的なネイティブの心理学者に見てもらうよりは優れた日本人の研究者に見てもらう方がよい。しかし，英語が不自然な日本語風の英語になっていないことを確かめるためには，どこかの時点でネイティブかバイリンガルの日本人に見てもらわなければならない。

　まったく面識がない有名な心理学者に手紙を書いて，30ページもあるような論文を読んでもらおうなどとは考えない方がよい。そのかわりに，要約や3ページ程度のまとめを送ってそれに対する印象を尋ねよう。その方が穏当な要求である。また，あなたの話題に明らかに興味を持っていて，できるならその話題について論文を書いた経験がある人物に送ることができればそれにこしたことはない。そのような人物なら，論文をよく読んで配慮の行き届いたコメントを書こうという動機づけがはたらくかもしれない。論文のコメントをもらうための手紙の例を以下に示す。

【コメントを求める手紙の例】

Dear Dr. Jonathan Berman,

Thank you for the reprints you sent me on the topic of cooperation and competition. Now I am writing up my own research on that topic, and I am planning to submit a manuscript to a journal in the USA. (注:相手に初めて送るメッセージの場合はこの最初の段落を削除すること。)

[name] of [affiliation] suggested that I write to you [it is better though not required that you explain who suggested that you contact this individual]. I have a favor to ask of you. Since I know very few people who have published outside of Japan, I wonder if you could send me some brief feedback on the attached summary of my paper. First, can you refer me to any recent American research or papers on this topic? Second, can you suggest which results I ought to emphasize in my full paper? And third, can you think of any journals where these data might have a good chance to be published? I am grateful for any ideas you can provide, and assume that you are a very busy person.

I think it is very important that we Japanese make more effort to publish in Western journals. If there is anything I can do to reciprocate, please let me know.

Sincerely,
Emi Sugie
Instructor in Psychology
Aichi University of Education
Kariya City
Aichi Prefecture
440 Japan

E-mail: emisug@auecc.aichi-edu.ac.jp

よく知っている人がいる場合や、あまりよく知らない人でも論文全体を見てもらうように頼める自信がある場合は、以下のような依頼の手紙を送るとよい

であろう。

【依頼の手紙の例】

July 28, 2013

Dear Dr. Havah M. Shwalb,

　I have an important request to ask of you, and appreciate your consideration of the following matter. As you know, it is unusual for Japanese psychologists to publish their work in Western journals. I think this tendency is unfortunate, and so am determined to submit my work to refereed journals in the USA. But I have little experience publishing outside Japan, and consider it crucial that I seek expert feedback before I attempt my submission. I know that peer feedback is a common exercise among American scholars, but my contacts in the USA are limited. Therefore I wish to ask for your comments on the enclosed manuscript draft.

　When you critique my paper, please put yourself in the place of a reviewer, and do not be gentle in your remarks. The more critical, constructive and specific your comments, the better my chances for acceptance.

　You can reach me by mail or E-mail. If you have to decline my request that is understandable, but if you cannot assist me, would you please recommend another scholar who might be able to help? Please let me know soon whether you can handle my request. I thank you in advance for your help, and would gladly reciprocate if there is anything I can ever do for you.

Sincerely,
(署名)
Emi Sugawa, Ph. D.
Professor of Educational Psychology

[address]
E-mail: es0964@niftyserve.or.jp

> P. S. If you could suggest two journals which you think might be appropriate for my submission, that would help too, as I am unfamiliar with the quality and competitiveness of American journals.

　これは，見知らぬ人から多くの時間を割くことを求められる，ずうずうしいメッセージであることに注意してほしい。助力の程度は，自分の指導している学生に対してであれば許容される範囲だ。しかし，見知らぬ人に対してであれば，許容の範囲を超えている。しかし，不可能なお願いではない。それゆえ，論文は短いほど良い。英語では，頼まれて気分を害することはない（It doesn't hurt to ask）という言い方がある。しかし，感謝の意を表すことを忘れてはならない。また，返事がこないのは断りの意味であることを理解して，もう一度頼むことはやめておこう。

　論文を見てもらうように頼んだ相手があなたの願いを断り，かわりに別の人物を推薦してくることもある。その時は原稿を第2の人物に送ればよい。その場合は，手紙の冒頭に「I was referred to you by our mutual colleague, Dr. Tommy Sumner of the University of Arkansas. Dr. Sumner said that you might be able to assist me on the following matter...」と書けばよい。

　論文を見てもらう場合には，まったく面識のない人に頼み事をすることが適切かどうかを判断しなければならない。そのような時は，①研究上の興味がどの程度似ているか，②その人物がどのくらい重要な学者であるか（つまり，その人物がどれくらい忙しいと考えられるか），③その人物が日本の心理学や文化に関心を持っているかどうか，および，④その人物に会ったり手紙のやりとりをしたことがあるかどうか，などの要因を考慮すればよい。ネットワークを形成しておけば，原稿についてのアイデアやコメントを交換する人々と知り合いになることができる。しかし，そのようなネットワークを形成する時間が無い場合は，ともかく頼んでみてもよい。申し出は断られてしまうかもしれない。だが，だからといって相手が気を悪くしたことにはならない。その人たちにとって，そのような頼み事は非常によくあることである。したがって，ただ単に"No." という答えが返ってきても，それは無礼な返答ではない。

　次の第9章では，雑誌の編集者を務めている人たちにフィードバックを求める方法について簡単に述べるつもりである。だが，できれば投稿する雑誌とは

関係のない人に見てもらうのが一番よい。「投稿前に雑誌の編集者に手伝ってもらうことにより受理の確率を大きくしようとしている」というような印象を編集者に与えてはならない。

　海外の研究者と共同研究を行うことも，英語で書く力を上達させるための良い方法であると思う。なぜならばそれは英語で手紙や論文を書くためのよい練習となるからである。だが，海外の研究者のためにデータを収集することについては，用心深く対処した方がよい。共同研究においてあなたが対等の研究パートナーとして尊重されるように，その研究者のことを十分に知り尽くすまでじっくり待ってみよう。海外の研究者に対する好意でデータを集めるだけなら，あなたの英語力は何の恩恵も受けない。実際，ただデータを集めるだけなら，あなたがただのアシスタントであり共同研究者ではないというようなよくない印象を与えてしまう。また，日本のことをほとんど知らない研究者がデータの収集を手伝ってくれるように頼んできた場合には，その研究が出版される確率を判定するために，実験デザインとその研究者の資質を冷静に見極めた方がよい。

(D. シュワーブ & B. シュワーブ)

コラム7

◇◇◇消極的な性格の研究者がネットワークを作るには？

　第1部を翻訳していて一番驚いたのは，欧米の研究者がネットワーク作りのためにさまざまな努力を払っているという事実であった。特に，若手研究者が有名な心理学者と知り合いになるためのさまざまなヒントの部分にはかなりショックを受けた。言われてみれば，有名な心理学者と知り合いになるために若手研究者が一列に並んで話をする順番を待っている光景を学会大会で何度も見かけたことがある。それと較べると，学会大会における自分の行動はあまりに消極的であったと思う。

　では，消極的な性格の研究者がネットワークを作るにはどうしたらよいのだろうか。ここでは，自分の経験に基づいて，そのためのヒントを述べようと思う。まず，ネットワークを作る前に，どんなに短くてもよいからとにかく英語の論文を書くことを勧める。一度英語で書けば，少なくとも自分の研究内容に関してはある程度正確な英語で話すことができるようになる。方法の部分を書けば研究の説明がうまくなり，序文や考察の部分を書けば討論に特有の表現が数多く身につく。

　また，自分の研究を英語で出版すれば，ネットワークを作るための状況が一変する。たった一編の論文であっても，それを手渡すことにより話のきっかけを作ることができる。場合によっては，相手がその論文をすでに読んでいてすぐに本格的な議論に入ることができるかもしれない。また，論文の内容が面白ければ，それを読んだ多数の研究者があなたの発表を聴きに集まってくることもある。このようなお膳立ては，消極的な性格の研究者にとってとても大きな助けとなる。

　さらに，欧米の行動様式に無理に合わせずに，消極的な性格を東洋的な美徳として肯定的にとらえるだけでも事態はかなり好転する。たとえば，単位時間当たりの発言数を増加させることよりも，むしろ短く的確な発言をすることを心掛けるだけでも英会話場面で起こりがちなパニック状態に陥ることを避けることができる。また，大切なのはこれまでにどのような学問的寄与を行ったかであり，偶発的に参加した討論において的確な発言をすることではないのだと開き直ってしまえば，討論の内容をより正確に把握するための精神的な余裕が生まれる。

　だが，最近では，かなり積極的な若手研究者がしだいに増えてきているようである。実際，最近の大会では，有名研究者の前の行列の中に日本の若手研究者が混じっている光景をよく見かけるようになってきた。したがって，ここで述べた「消極的な」ヒントを必要とする消極的な研究者は近い将来急激に減少するかもしれない。

（高橋雅治）

第1部 9　投稿する雑誌を選ぶ

■ 1．選ぶための指針

　日本の心理学者から投稿する雑誌の選び方を尋ねられることは多い。雑誌の選択は論文出版過程の重要な第1ステップであり，研究のために適切なサンプルを選ぶのと同じくらい重要である。サンプル抽出のやり方がまずいと，得られた結果にはほとんど価値が無くなってしまう。同様に，間違った雑誌を選んでしまったら，原稿は読まれるべき読者に読まれなくなってしまうのである。雑誌を選ぶ技術は経験によってしだいに身についてくるものである。ここでは，わたしたちが推奨するいくつかのガイドラインを示そうと思う。

　日本国内の状況と較べて，欧米には非常に多くの雑誌がある。なかには雑誌がありすぎるという人もいるくらいである。欧米の心理学者であれば，経験とともにそれぞれの雑誌の評判がだんだんと判ってくるものであり，また，そのような情報の一部は参考書等に掲載されている。わたしたちは以下の本を奨める。本書はある程度アップデートされているが，雑誌についての最良の情報源はオンラインウェブで入手可能である。しかし，以下の本は，今も購入可能であり，今もこの話題と関係がある。

> Wang, A.（1989）. *Author's guide to journals in the behavioral science.*
> Hillsdale, NJ : Erlbaum.　ISBN : 0-8058-0313-0.

　この本には，437の雑誌について，①編集者の住所，②購読申込のための住所，③年間の購読費（＄），④適切な原稿，⑤不適切な原稿，⑥受理される論文の種類（評論，解説，研究などの情報），⑦匿名審査の有無，⑧編集方針の変遷，⑨抜き刷りについての方針，そして，⑩どの索引（Psychological Abstracts, PsycINFOなど）に掲載されているか，などの情報が掲載されている。これらの項目内容の多くは1989年から多少変わっている。だが，適切な原稿と不適

な原稿，および，他の重要な項目についてはほとんど変わっていないと思う。また，1989年の情報であっても，発行部数，論文の長さ，受理の割合などにより雑誌の比較をすることは十分可能であろう。

　最新の情報は雑誌から直接得ることができる。だが，Wang（1989）の本は以下の理由で現在でも十分に有用である。まず，この本では，異なった雑誌が互いに比較されており，しかも便利なことに雑誌がアルファベット順に並べられている。また，非常に多くの雑誌が取り扱われており，さらに，各雑誌の受理のむずかしさについての一般的な印象も載せられている。

　APA の *Journals in Psychology : A Resource Listing for Authors*（5th edition, 1997）（ISBN：978-1557984388）もまたお勧めの本である。この本はAPA に直接注文すればよい。この本は1997年に出版され改訂されてきた。その詳細な情報については今日では正確ではないものの，今でも order@apa.org で入手可能である。APA がスポンサーとなっている雑誌の最新情報は，www.apa.org/pubs/journals で入手できる。

　わたしたちは，日本の研究者に欧米の雑誌の選び方について質問した。彼らがあげた選び方の基準は以下のようなものであった。

　　①自分の研究と比較した場合の掲載論文の内容
　　②雑誌の評判と名声の高さ
　　③同僚や"熟練指導者"の意見
　　④発行部数
　　⑤掲載されている論文の質
　　⑥自分の研究の質と掲載論文の質のつり合い
　　⑦同じトピックに興味のある人々に読まれている雑誌
　　⑧掲載論文において優勢をしめている方法論

　また，わたしたちは北米の心理学者仲間に日本人が心理学雑誌をどうやって選んだらよいかについてのアドバイスを求めた。以下に彼らのコメントを示す。日本人の研究者と同じ基準に加えて，彼らの返答には以下のようなものが含まれていた。

　　①彼ら（日本の研究者）は要求が厳しく，質の基準が高く，配慮の行き届いた綿密な審査を行ってくれる雑誌を求めている。

②アメリカの雑誌では掲載拒否の割合が80％ということはよくあることだから，日本人の投稿者はメジャーな雑誌に出版することがいかにむずかしいことかを認識すべきである。*Human Development, International Journal of Behavioral Development* などのように，外国で書かれた論文を受理する確率が比較的高い雑誌がいくつかある。
③日本国外での論文の重要性とおもしろさが重要である。日本人の研究の中には，日本国外ではほとんど関心を持たれないトピックをあつかっているものもある。

　欧米誌に投稿する場合，その雑誌は"外国の雑誌"ではないということは覚えておいてほしい。つまり，あなたが「ガイジン」なのである。

　自分の研究話題についての英語論文を3，4編読んで，それらの論文がどの雑誌に掲載されているかを調べるのもよい。また，そこで引用されている論文がどの雑誌に掲載されたものであるかも調べてみよう。そして，それらの雑誌の新しい号を数冊用意してざっと読んでみれば，その雑誌が合衆国以外から投稿された論文や文化の問題を取り扱った論文を出版するかどうかについての正しい認識を持つことが出来る。たとえば，わたしたちの論文のほとんどは，文化心理学と発達心理学を取り扱ったものである。これらの分野では，たとえば *Journal of Cross-Cultural Psychology* は少なくとも2つの文化から得られたデータを含む研究を好む。一方，*International Journal of Behavioral Development* は欧米以外の単一の文化圏で行われた研究を受理する傾向がある。また，*International Journal of Psychology* も単一の文化についての研究報告を受理する。だが，その焦点は発達研究に限定されていないようである。これらの評判は，同僚と熟練指導者から学んだものである。このような情報の一部はWang (1989) の本に載っている。Wang (1989) や APA (1997) の情報は，今や各雑誌のウェブサイトにおいてオンラインで容易に見つけることができる。これらの情報は，ウェブ検索に雑誌のタイトルを入れるだけですぐに入手可能である。だが，最も良い情報は，他の心理学者の話を聞いたり雑誌を読んだりオンラインで雑誌を探したりすることによって得られる。

■2．雑誌編集者に意見を求める

あなたの研究領域や特定の論文に対する編集者の意見を求めるために，雑誌の編集者に手紙を書きたいと思うことがあるかもしれない。しかし，投稿前に特定の原稿についての明確な意見を得ることは適当ではない。つまり，聞いてもよいのは，その雑誌があなたの論文に合っているかどうか，ということだけである。その場合は，以下のように丁寧に質問をしなければならない。わたしたちは，最近，以下のようなメッセージを雑誌の副編集長に送ったら30分で肯定的な返事がきた。

【質問の手紙の例】

Dear [name of journal editor],

I am interested in publishing a research paper in [name of journal]. This would be my first submission to your journal, and so I am writing to you now for some advice. I wonder if you could please look at the attached 150-word abstract of my paper, and suggest whether the contents and approach are suitable for review by your journal. If you find it to be inappropriate, I would appreciate any suggestions as to a better target journal. Thank you very much for your assistance. I look forward to your reply and perhaps to submitting to your fine journal.

Respectfully,
Takashi Omoto
Professor of Experimental Psychology
Ibaraki University
takashomoto@ibaraki.ac.jp

■3．雑誌の見本を請求する

雑誌（特にAPAとは関係のない出版社が印刷している雑誌）によっては，見本を無料で送ってくれることもある。雑誌の情報は，出版社のウェブサイト上のオンラインで見ることができる。しかし，雑誌について電子メールで問い合わせることは容認されている。オンラインでは，最近の号の目次，サンプルの論文のpdfファイル，著者のためのガイドライン，雑誌がカバーする領域，

雑誌の紹介も見ることができる。非常に多くの情報がオンラインで見ることができるので，投稿を考えている場合であっても雑誌のサンプルを請求することは適切ではない。情報をオンラインで見ることができない場合には，以下のような手紙により，購読や投稿について問い合わせることは容認される。

ただし，多くの出版社は無料サンプルをオンラインで配布しており，そのような請求をオンラインか電子メールで受け取る方が出版社にとっては便利であることに留意されたい。また，ほとんどの雑誌では，刊行物の実際のコピーを航空便で送るよりも，サンプル論文をサイト上でpdfの形式で提供することが一般化していることに注意してほしい。

【購読や投稿について質問するメールの例】
Dear Dr. Gibbons,

I am considering a submission to your journal, *International Perspective in Psychology*. However, I was unable to find pertinent information about *IPP* on-line and want to learn more about the journal before deciding whether to submit. Is it possible to obtain a sample issue of your journal, information about your readership, and instructions for authors? My contact information is listed below, if such documents are available either in hard copy, or as an e-mail reply or a Word/pdf attachment. Thank you for your consideration.

Sincerely,
Fukichi Takahashi
Department of Psychology
Asahikawa Medical University
Midorigaoka-nishi 10-12, Asahikawa-shi, Hokkaido
078-8510 Japan
fukichi@asa-med.ac.jp

4．受理の割合

日本の心理学者の多くは，論文受理の割合を重視しすぎているように思う。

受理の割合は，雑誌を選ぶための数多くの理由の1つにすぎない。英語で投稿した経験がなければ，受理の割合が15％のアメリカの雑誌に投稿しても受理の確率はあまり高くないであろう。だがわたしたちの友人である祐宗省三博士は，最初の英語論文を受理の割合が10％である *American Psychologist* で出版している。考慮すべき第一の要因は，あなたの研究の質である。したがって，まずあなたの論文を他の研究者に見せて意見を求めてみよう。単に掲載が却下される割合を見つめているだけでは何にもならない。雑誌の選択は，子どもの高校や大学の選択とは異なるのである。高校や大学を選択する場合は，子どもたちの競争力を判定するためのテストが行われ，偏差値さえわかれば合格するかどうかを予想することができる。雑誌の審査は，それよりもはるかに主観的な評価過程である。

　同時に，審査制度のある雑誌に出版することは，ネイティブにとってさえむずかしい，ということを十分に理解してほしい。日本の大学院生であれば，研究の質が非常にすぐれていない限り，最初の2年間ぐらいは名声がさほど高くない雑誌に投稿することから始めたらよいと思う。いわゆる二流・三流の雑誌に投稿することから始めることにより，書き直し，審査者のコメントの理解，編集者との手紙のやりとり等の過程をマスターすることができる（注：この意見を第2部に述べられる意見と比べてほしい）。それらの経験は，最高峰の雑誌に出版するという手間のかかる挑戦的な過程のための足掛かりとなってくれるであろう。また，心理学の国際的な研究分野に貢献するためには，必ずしも有名雑誌に出版しなければならないわけでもない。

　「国際的」と銘打ったいわゆる国際誌の中には，APAの後援する雑誌と較べるとさほど競争的でないものもある。また，国際誌は，合衆国やヨーロッパ以外の地域からの投稿を受け入れやすい。実際，アメリカの雑誌のほとんどすべてが世界中からの投稿を歓迎すると公言しているけれども，編集者と審査者の多くはアメリカの中流社会以外の文化についてはあまりよく知らない。そのため，彼らは世界の心理学にとっての日本の心理学者の重要性がよくわかっていない。加えて，わたしたちのアメリカ人の大先輩で，日本で何年間も研究を行ってきた，たいへん国際的な研究者の1人は，APAが後援する雑誌は「アメリカの雑誌」であり，国際的な出版物ではない（「APAのAはAmericanの

略なんだよ」）と言ってのけた。APAの雑誌の読者のほとんどはアメリカ人か英語のネイティブであり，編集者とは違って世界の心理学にはあまり興味を持っていないのであろう。しかしながら，この10年間に，APAは，アメリカ以外の「紹介されることが少なすぎる（underrepresented）」文化から論文を出版するという目標を，方針として掲げてきた。雑誌が国際な志向を持っているかどうかにかかわらず，様々な雑誌の編集委員会は，審査者や編集委員の中に，多くの日本人を含めるようになってきている。

■ 5．3つの方略

　雑誌の選択におけるもう1つの重要な要因は，投稿する順番についての方略である。出版を試みた最初の雑誌が論文を受理するなどと考えてはならない。そうではなく，目標とする2，3の雑誌について，投稿する順番を決めておくのである。このときの方略は，論文の質によって異なる。一番よく用いられる方略は，まず最高峰の雑誌に投稿し，その時に得られる審査者の論評を使って論文を補強してから，今度は少しレベルの低い雑誌に投稿する，というものである。この方略はとても有効である。というのも，最高峰の雑誌には，有用なコメントを与えてくれるすばらしい審査者がそろっているからである。だが，このアプローチには以下の3つの問題点がある。まず，貧弱な研究を最高峰の編集者に送ると，その編集者は次回から研究の質についてのあなたの判断力を信用しなくなる。また，審査者の貴重な時間が，その雑誌に論文を出版するつもりのない人を助けるために浪費されるべきではない。だが，審査と編集者の決断は予測不能なので，わずかでも受理の可能性があると考えられるなら，そして，裁定を待つ時間が十分にあるなら，最高峰の雑誌を試してみてもよい。最高峰の雑誌を試してみなければ論文の潜在的な力を知ることは出来ない。さらに，3つめの問題点は，最高峰の雑誌に最初に出した場合にはあっと言う間に掲載拒否されてしまうかもしれない，ということである。もし最初に二流の雑誌に審査してもらい，それから最高峰の雑誌に投稿したならば，最高峰の雑誌に掲載されていたかもしれないのである。

　2番目の方略は，あなたの論文の質（2人の研究仲間に意見を求めてみよう）と雑誌の名声のつり合いを考えることである。あなたの論文に対する判定

が優・良・可・不可の「良」であれば，二流か三流の雑誌に投稿すれば受理の確率は妥当なものとなろう。二流・三流の雑誌でも通常は優秀な審査者がそろっている。

　そして，3番目の方略は，まず最初にレベルの低い雑誌に投稿して建設的な批評をもらい，それらの批評を使って論文を改訂してからレベルの高い雑誌に投稿するのである。この方略はよく使われるが，倫理的には多少問題がある。というのも，この方法では，よりレベルの低い雑誌の編集者と審査者の努力がよりレベルの高い雑誌に出すための足掛かりとして使われてしまうからである。

　編集者は，これら3つの方略のすべてが一般的であり，かつ，認められるもの（合法的なもの）と考えている。わたしたちは2番目のアプローチが好きである。なぜならば，わたしたちは忙しく，手伝ってくれる院生もいないので，できれば最初に投稿した雑誌で出版してしまいたいからである。わたしたちは，まさに最高の研究が出来たときにのみ最高峰の雑誌に投稿することにしている。読者の方々も，自らの経験と同僚の意見を頼りに自分の研究に適した雑誌の選択を行ってほしい。

　　　　　　　　　　　　　　　　　　　　　（D. シュワーブ & B. シュワーブ）

コラム8 ◇◇◇雑誌のランクって，そんなに重要なのですか？

初めて投稿する大学院生から，「雑誌のランクやインパクト・ファクターって，そんなに重要なのですか？」という質問をよく受ける。実際，心理学においても，雑誌を評価するために，インパクト・ファクター（直近2年間の掲載論文の平均引用回数）を用いることが一般化してきている。

この問題についてはさまざまな考え方がある。たとえば，「ランクやインパクト・ファクターはあまり重要視せず，ただ単に出版することに意義がある」と考えることもできる。このような考え方にはいくつかの根拠がある。

まず，大学院生が初めて投稿する場合には英語で出版する経験を積んだり抜き刷りを名刺代わりに渡すための論文を作ることが主な目的なので，一流誌に出版することにこだわって長い時間を浪費する必要はないかもしれない。

また，二流誌といえば聞こえが悪いが，研究の最先端をいく熱心な研究者であれば関連分野の雑誌を2，3誌以上は購読している。したがって，それらの雑誌に掲載された論文もまたその分野に興味を持つ世界中の研究者に読まれることになり，その分野の知識の進歩に必ずや貢献するであろう。

さらに，一流誌には緻密な研究計画に基づいて行われた独創的な研究が数多く含まれているが，その一方で，コントロールは十分であってもアイデア自体は派生的なものにすぎないようないわゆる手堅い研究も多数掲載されているのも事実である。実際，その後の研究の流れを大きく変えることになった過去の重要な論文の中には二流や三流の雑誌に掲載されていたものも少なくない。

だが，これとは反対に，ランクを非常に重要視し，少しでもランクやインパクト・ファクターの高い雑誌に出版することを最優先するという考え方もある。

たとえば，抜き刷りを自己紹介のために手渡す場合であっても，一流誌の論文は驚くほど強力な切り札となる。本文でも述べられているように，欧米では一流誌に出版することが一流であることの証となる。実際，欧米の研究者の多くは，日本人が考えている以上に雑誌のランクを重要視している。なぜなら，欧米の研究者は研究成果が学会で広く認められ世界の研究をリードすることをとても重要視しているからである。

加えて，各誌の発行部数が示しているように，自分の専門分野以外の論文の価値を自力で判断する自信のある研究者はむしろ少数派であり，ほとんどの心理学者は「一流誌に載っているのだから一流の研究なのだろう」と考えて一流誌しか目を通さないことも事実である。したがって，少しでも多くの研究者に読んでほしいと考えるならば，少しでもランクの高い雑誌に出版した方がよい。**（高橋雅治）**

10 審査の過程

■ 1. 欧米の雑誌，編集者，および審査者に対する日本人の見方

　知り合いの日本人研究者に海外の雑誌に投稿した経験について尋ねたところ，日本国内と国外の審査過程にはさまざまな違いがあるという答えが返ってきた。あなたが海外の雑誌や編集者とやりとりをする場合の「カルチャー・ショック」をやわらげるために，彼らの答えの一部を以下に示す。

海外誌のための執筆と国内の英語誌のための執筆の違いは何か

　まず，海外の雑誌の方がより競争的であり，受理される割合は国内の方が高い。また，審査制度のある欧米の雑誌の批評レベルは日本よりも厳しくかつ洗練されている（もっとも，日本の雑誌の審査は以前と比べてかなり厳しくなってきている）。さらに，海外の雑誌に出す場合には，書かれているアイデアが日本人以外の読者にアピールするように原稿を書き直さなければならない。

海外の雑誌と国内の雑誌から受け取る審査者のコメントの違いは何か

　審査結果は雑誌によって大きく異なるので，国内と国外の雑誌や審査者について一般論を述べるのはむずかしい，という答えも多かった。だが，大部分の日本人は海外の雑誌と国内の雑誌の間に大きな違いがあると考えている。彼らのあげた違いの中には，以下のようなものが含まれていた（これらの差異は，消失しつつあると思う）。

①日本人の審査者の批評は，しばしば焦点がずれていて散漫である。

②海外の審査者には理論的な側面を強調する人が多く，日本人の審査者には統計的なことを強調する人が多い。

③日本人の審査者は細かい点ばかりを書くのに対して，海外の審査者は全体的なコメントを書き，そのあとに細かな点について書く。

④海外の審査者は批評の後に具体的な示唆を書くのに対して，日本人の審査者は批評のみを述べる。

⑤アメリカ人の審査者は日本人の審査者よりも専門分野の文献に詳しいことが多い。
⑥日本では心理学者が少ないので，専門の違う研究者によって審査される確率が高い。
⑦日本の審査者の方が寛大になりがちである。
⑧欧米の審査者は投稿者と専門が同じである可能性が高いので，細かな事柄についてより明細な改変を求めるかもしれない。
⑨アメリカの二流・三流の雑誌では審査者のレベルがまちまちであり，場合によっては驚くほど低いこともある。

雑誌と審査者は多様なので，これらの意見は「公式」ではなく，ベテラン学者が感じた「傾向」のようなものである。それにもかかわらずここに載せたのは，欧米の雑誌から初めて審査結果を受け取った時にがっかりしないためである。失望するだけならば，審査者の建設的な意見の要点を見失ってしまうかもしれない。ぶっきらぼうな掲載拒否以外はよい知らせであると積極的に考え，表面的には否定的にしか見えないような論評の中から肯定的な点を探し出してみよう。

海外の雑誌と国内の雑誌の審査過程に違いはあるか

わたしたちの研究者仲間はそれ以外にも以下のような差異を経験している（これらの差異も次第に消失してきている）。
①一般に，日本の方が待ち時間が長い。
②日本では審査者のコメントの写しだけが送られてくることがある。一方，西洋では必ず編集者の手紙も送られてくる。
③欧米の編集者の方が，裁定に関してより強い個人的権限を持っている。
④通常，欧米の雑誌の編集者は審査結果を受け取るまでのおよその待ち時間を教えてくれる。

質問をした研究者のおよそ半分は，欧米の雑誌と日本の雑誌にはほんのわずかの違いしかなく，しかもそれらの違いは近年ますます小さくなってきていると答えた。審査過程に関する規則や手続きは雑誌によって異なるので，Instructions to Authors や雑誌の内容と方針についての説明を注意深く読んでおけば，いらいらや失望は回避できるであろう。

日本の編集者と欧米の編集者で，審査結果の伝達の仕方に違いがあるか

　日本語と英語では公的な手紙の書き方が異なっており，編集者と著者の間のやりとりにおける差異のある部分はそのような言語的な差異を反映している。最初から以下のような差異があることを念頭に置いておけば，いらぬ誤解を避けることができよう。

　①日本の編集者の方が，裁定をより丁寧に表現することがある。一方，欧米の編集者はもっと率直（straight）に見える。

　②日本の雑誌の中には，編集者が集団的な意志決定を行うものがある。一方，欧米の編集者は審査結果を統合し，最終的な決断は1人で下す。

　③日本人の中には，掲載を拒否することをためらい，さまざまな改訂を求める人がいる。一方，欧米の編集者の方がはっきりと掲載を拒否することが多い。

　④欧米の編集者の裁定は解釈がむずかしいことがある。というのも欧米の編集者は再投稿するかどうかについての判断を著者にゆだねることがあるからである。この点では，日本の編集者とのやりとりの方がわかりやすい。日本人の裁定は決定的であることが多いのに対して，欧米の編集者は著者に選択の余地を与えるように思われる。そのため，欧米の編集者は，掲載拒否の場合にはより率直になり，書き直しが必要な場合には著者に対してより大きな責任を持たせる。

　確かに，送られてきた一連の審査結果の真の意味を理解することができないこともある。そのような場合，わたしたちは次の段階に進む前にその手紙を仲間に見せて意見を求めることにしている。あなたも初めて英語の審査結果を受け取った時には同じことをするとよい。

■ 2．編集者と審査者とのやりとり

　論文を出版するためには，雑誌編集者との効果的なやりとりが必要である。論文の内容が貧弱であれば，どんなに優れた手紙を添えても出版されることはない。しかし，論文の内容が良い場合でも，編集者とのやりとりが粗末なばかりに出版される確率が小さくなってしまうこともある。この節では，論文に添える手紙の見本，および，編集者からの手紙と審査者のコメントの例を示す。

投稿するまでは，原稿はあなたのものである。だが，編集者と審査者が原稿を受け取った時点から，彼らはあなたの協力者となる。あなたは彼らと協力して作業を行わなければならない。つまり，彼らの考えに敬意を払い，彼らの要求に応じようとしなければならない。効果的な手紙のやりとりをするためには，編集者と審査者の視点に立つ必要があるのである。

最初の投稿に添える手紙

投稿時には，指定された部数の原稿に簡潔で明瞭な手紙を添えて送らなければならない。最初の投稿のための手紙は論文の裁定には影響しない。だが，それは学者としてのあなたの第一印象に影響する。加えて，手紙の表紙に重要な情報を書いておけば，編集者との関係をより容易に開始することができる。最初の投稿に添える手紙の例を次に示す。雑誌によっては投稿の手紙を要求しないところもある。だが，投稿の手紙をサイトからアップロードさせるところもある。多くの雑誌はオンラインで投稿するシステムを備えてはいるが，投稿に添える手紙は，今でも大変重要なのである。

【投稿に添える手紙の例】

Dr. Frances Stewart, Editor
Journal of Developmental Cognition
University of Utah-Peppermill
Department of Psychology
East Wendover, Utah 84909
U.S.A

August 8, 2013

Dear Dr. Stewart,
I am pleased to submit a new manuscript, "The changing middle class Japanese father: A survey of parents of preschoolers," co-authored with H. Kawai, J. Shoji, and K. Tsunetsugu, to the *Journal of Developmental Cognition.*
This paper is based on a 2010 presentation at the Japanese Psychological Association meetings. We previously have submitted this article to one

journal, the *Journal of Cross-Cultural Psychology*, but it was not accepted there for publication. It is 34 pages in length, including two tables and one figure.

I would appreciate confirmation that you received this submission. Thank you for your consideration. I appreciate your efforts as editor of the *Journal of Developmental Cognition*.

Respectfully,
Edith Hotchkiss, Ph. D.
Koryo Junior College
Aichi, Japan

Email : ehh84102@niftyserve.or.jp

問い合わせの手紙

　論文を航空便で送ってから，審査結果と編集者の裁定が届くまで編集者とコンタクトをとる必要はない。追加の原稿（たとえば，追加する図表など），追加データ，あるいは好意的な催促状などを編集者に送ることは適切ではない。論文が受け取られて2，3か月たったら，いつごろ裁定を受け取ることができるかについて尋ねてもよい。だが，そのような手紙は丁寧なものでなければならない。そのような問い合わせの例を以下に示す。

【審査の遅れについて問い合わせる手紙の例】

Dear Dr. Allison Shwalb,

This letter is regarding Submission #97098, "This changing middle class Japanese father: A survey of parents of preschoolers," to the *Journal of Developmental Cognition*. I submitted this manuscript to you on 7/4/12, and you sent it out for reviews on approximately 7/22/12 (three months ago). I understand that there is variation in the length of the review process. Still, I would appreciate knowing whether there were any difficulties in collecting reviews of my paper, or if you anticipate any lengthy delays in your editorial decision.

Thank you for checking on this matter for me. I appreciate your hard work as the editor, and look forward to working with you on this paper.

Respectfully,
（署名）
Deborah Gorder, Ph.D.

■3．編集者の手紙と審査者のコメント

　通常，編集者の裁定としては，①受理（accepted），②受理を前提とした修正（accepted pending revision），③本質的な書き直し後の再投稿の示唆（revise and resubmit），④掲載拒否（not accepted），の4つがある。これらのカテゴリーは雑誌によって異なり，時には②と③を区別することがむずかしいこともある。APAが後援する雑誌では，①は非常にめずらしく投稿原稿の2％以下である。編集者の手紙の意味がよく判らない時には研究者仲間にそれを見せるとよい。審査者の論評に数ページにもおよぶ批判が書かれても，編集者はあなたの論文を改訂した後に掲載したいと思っているかもしれない。通常，最初の段落では論文の良い点と悪い点が強調されており，最後の段落には編集者の下した結論が書かれている。そして，その間の段落（手紙の大部分）では，審査者の批判のどの部分が重要であると編集者が考えているかが述べられている。論文が好意的に受け取られたかどうかに関わらず，批判と書き換えの示唆について書いてある部分は，良い点について書いてある部分よりも長いものである。審査者どうしの意見はしばしば食い違うので，あなたの立場からすれば，編集者の要求に答えることが最も重要である。以下に，わたしたちが最近 *International Journal of Behavioral Development* の編集者から受け取った手紙の断片を示す。

【編集者の手紙の例】

Re: Manuscript #96098: "The Changing Middle Class Japanese Father: A Survey of Parents of Preschoolers"

Dear Dr. Shwalb:

As you can see from the enclosed comments, the reviewers found many positive points in your work but they also felt that several issues need clarification. I am therefore unable to accept your paper for publication in its present form but would suggest that you submit a revised version which addresses these issues. I have summarized the most important points below.

As you can also see from their comments, the reviewers found your paper most interesting as it gives first-hand information about the attitudes of Japanese fathers to issues of parenting and other related topics. There are other strengths as well, such as fact that you also take the mother's perspectives into account.

On the other hand, all the reviewers raise questions and give a number of important comments which require your attention when revising the manuscript. Reviewer A emphasizes that the interpretations are too superficial and lack theoretical grounding. In this regard, Reviewer B gives numerous suggestions as to how you could defend your approach, for instance, by systematically comparing parents' perspectives of breaking it down into sub-groups defined by mother's work status. I agree that at present the work rather resembles too closely a data-driven report from a survey institution. Other issued mentioned by the reviewers refer to the method of data collection (particularly Reviewer A), the need to take important recent literature into account (Reviewer C) and the lack of information concerning the representativeness of the sample. Overall, I think the paper potentially contributes tremendously to our knowledge. However, publication in *IJBD* would require analyses beyond the purely descriptive level. Given your interesting data set, accomplishing this should be both easy and challenging.

I hope you find these comments helpful and that you will decide to revise and resubmit. When this is the case, please send four copies of your revised manuscript, together with a letter outlining the revisions you have made and linking them to the reviewers' comments. The manuscript will then be re-reviewed and a final editorial decision made. If you decide not to resubmit, I should be grateful if you would let us know so that we can amend our files accordingly.

Sincerely yours,
Laura Castellaw
Editor, *IJBD*

わたしたちは，受理か掲載拒否かを見極めるために，最初に手紙の始めの部分と終わりの部分を見た。それは明らかに掲載拒否ではなかった。そこで，わたしたちはその雑誌の要求の大きさがどのくらいかを見極めるために，すべての論評に目を通した。なかには応じがたいような要求もあったので，雑誌の編集者を務めたことのある2人の知り合いの研究者に意見を求めた。その結果，彼らは，それらの論評が「非常に肯定的（very positive）」であると保証してくれた。そこで，以下のような簡潔な手紙を編集者に送った。

【返事の手紙の例】
Dear Dr. Castellaw,

Thank you for the letter and reviews concerning manuscript #96098 ("The changing middle class Japanese father…") to the *IJBD*. We are very happy to learn that with revision you feel it has a good chance of acceptance. Therefore we will soon begin work on the rewriting.

I look forward to working with you further on this submission.

Sincerely,
Deborah Gorder, Ph. D.

ところが，わたしたちは3か月後に別の大学に移ることになり，そのために原稿を迅速に修正することができなくなってしまった。そこで，以下のような手紙を編集者に送った。

【弁解の手紙の例】

Dear Dr. Castellaw,

Regarding MS #96098 ("The changing middle class Japanese father") to the *IJBD*, I must apologize for the delay in revision. Because of the time lost due to [reason A], [reason B] and [reason C], we have progressed slowly in our work on this paper.

It is still our intention to publish this paper in your journal, and must ask for your patience as we complete this revision. Thank you for your understanding.

Sincerely,
Deborah Gorder, Ph. D.

　先ほどの編集者は「あなたたちの状況は理解できるので辛抱強く待ち続けるが，修正した原稿を再投稿した場合には，新たな審査者が審査することになるであろう」という電子メールを送ってきた。これは，原稿修正のためにさらなる時間を与えるが，雑誌としてはもっと早く修正して欲しい，という意味である。わたしたちは今後新たな審査者に立ち向かうことになるだろう。したがって，おそらくはさらなる修正を要求するような新たな考えと批評を受け取ることになるであろう。

　どうしても必要というわけではないが，論文が掲載拒否となった場合にも短い感謝の手紙を送るとよい。掲載拒否に対するそのような反応はとても丁寧に思われるので，編集者に良いイメージを残す。このことが，次回に同じ雑誌に投稿する場合の助けとなることもある。そのような感謝の手紙の例を以下に示す。

【感謝の手紙の例】

Dear Dr. Bob Shwalb,

Thank you for your consideration of my submission, "A Study of Behavior Therapy with Japanese Preschoolers," to *Journal of Behavior Therapy*. I was sorry to hear you could not accept this paper, but I appreciated the time you and your reviewers gave to it. Your feedback was also valuable to me. I hope to submit other articles to your journal in the future.

Sincerely,
Kodai Kusano, Ph. D.

　一方，再投稿原稿に添付する手紙は非常に大事である。編集者の手紙に対してどのように返答すればよいかについての例を以下に示す。この手紙の重要な点は，①編集者に協調的な態度を示すこと，および，②審査者のコメントの中の要点と細かな指摘の両方に対して注意深く対処することの2つである。また，この手紙は，修正事項をいくつかのポイントにまとめている点で，大変良い例となっている。再投稿時の手紙の中には，細かな修正についての長いリストが書かれているだけで，編集者にとってわかりにくいものが多い。

【再投稿原稿添付用の手紙】

（手紙の中で，p. はページを，pr. は段落を示す）

Dear Dr. Gene Shwalb,

Thank you for your review of our submission #96098, "The changing middle class Japanese father," to *IJBD*. I have attached of a revision of this paper for your consideration. In this letter I would like to summarize how I addressed the excellent and constructive comments made by you and the reviewers.

1. *Superficiality*. Reviewer A commented that the interpretations were superficial and lacked theoretical grounding. I carefully went through the Discussion and made the following reformulations of interpretations :
A. p. 22 pr. 2 :...
B. p. 22 pr. 4 :...
As Reviewer B suggested, I broke down the sample into sub-groups defined by the mother's work status. Unfortunately this did not produce any significant new findings, but I think that the suggestion was a good idea.

2. *Data-driven report.* I agree that this research was conducted (in your words) at a survey institution, and so you were correct to say that it resembled a technical report. In the revision, I attempted to make improvements in two ways.
A. (on p. 12-14):...
B. (on p. 12-16):...

3. *Recent literature.* Reviewer C called my attention to several useful references. I have incorporated all of these references into the Introduction (on pages 2 and 4-5) and the Discussion (pages 24-25).

4. *Sample representativeness.* As you mentioned, there was a lack of information on representativeness. The paragraph we inserted on p. 10 indicates that the sample is representative of the middle class population.

5. *Inconsistencies of interpretations.* I did not agree with the reviewer that the interpretations were inconsistent. Nevertheless we rewrote some of the interpretations, and I hope that they now are satisfactory.

6. *Societal changes.* On page 6, I have provided a brief summary of the societal changes which took place in Japan since WW II.

I apologize for the lengthy delays in the resubmission of this manuscript. I found the reviews to be very helpful, and tried to utilize them to strengthen the paper. Thank you for your cooperation as we proceed on this matter. We will do whatever is necessary to make this paper acceptable for your journal.

Sincerely,
Steve Nichols, Ph. D.

■ 4．審査の過程：心理学雑誌の編集者からのアドバイス

　手紙は読む人の視点に立って書くことが重要である。だが，読者の方々は欧米の編集者と審査者の視点がよくわからないかもしれない。そこで，この章では10人の欧米の主要な心理学者から集めたアドバイスを述べたいと思う。以下は，いくつかの問題について，彼らとわたしたちの考えを要約したものである。

添付する手紙（cover letter）

　洗練された論文に貧弱な手紙を添えて送ると，あまりの落差に奇妙な感じがする。では，論文に添える手紙はどの程度重要なのであろうか。少なくとも，論文に添える手紙も他人に校正してもらった方がよいことは確かである。だが，論文の内容，および，雑誌の目的との一致度が最初の投稿の価値の95％以上，あるいは場合によっては100％を占めることは覚えておいて欲しい。

添付する手紙は編集者の裁定に影響するか

　添付した手紙が審査者に読まれることはまずない。読むのは編集者だけである。初めての投稿に添えられた手紙に特に注意すべきことが書かれていなければ，読むのは編集者の秘書だけで後はそのままファイルの中にしまわれてしまうこともある。通常，添付する手紙には編集者とのやりとりを促進するための有用な情報が含まれている（その手紙の目的は，論文を受理するように編集者を説得することではない）。たとえば，その手紙には，研究が倫理的なガイドラインを満たしているかどうかについて書いておく必要がある。あるいは，その論文が以前にほかの雑誌によって審査されたことがあればそのことも書いておく必要があろう。さらに，その手紙にはあなたの電子メールのアドレス等も書いておくとよい。通常，この手紙は1行おきにタイプされた半ページ程度の簡潔なものである。手紙の書き方があまりにまずくて悪い印象を与えない限り，最初に投稿する時に添える手紙はさほど重要ではない。

再投稿の手紙

　一方，修正や再投稿の時に添える手紙は非常に重要である。それらの手紙は書き換えた部分や改善した部分に編集者と審査者の目を向けさせる。編集者は通常忙しいことが多い。そのため，その手紙は，主要な改訂と細かな改訂がどのあたりであるかがわかりやすく書かれた「改訂の道案内」になっていなければならない。すなわち，編集者の手助けとなるように論理的に構成された手紙

でなければならないのである。
　前述の10人の欧米の心理学者に，再投稿の時に添える手紙で最もよく見られる誤りは何かについて尋ねた。彼らの答えのいくつかを以下に示す。

　①審査者の批評に答えていない著者が多い。すべての重要なコメントに対しては，そのポイントごとに1つひとつ答えなければならない。コメントを無視すると改善する意思がないという印象を与えてしまい，努力不足と判断されて掲載が拒否されるかもしれない。コメントのすべてに同意する必要はなく，また，書き換えを示唆された点についてもすべてに従う必要はない。だが，すべてのコメントに必ず答えなければならない。

　②添付する手紙を書かない著者がいる。

　③住所，電子メールのアドレス，あるいは原稿の番号を書き忘れている著者がいる。この場合，編集者はそれらを調べるためによけいな時間を費やすことになってしまう。

　④著者の中には，無礼であったり，傲慢であったり，自分を守ろうとむきになったり，頑固になったり，脅迫的になったり，あるいは，強情になったりする人がいる。つまり，批評を建設的な意見としてではなく，個人への攻撃としてとらえてしまうのである。審査者や編集者に対して個人的な攻撃をしてはならない。そのような攻撃的な態度をとると論文は掲載拒否になってしまうかもしれない。添付する手紙ではあくまで協力的な態度を示すべきである。

　⑤著者の中には，細かな修正点の1つひとつについて，あまりに長く詳細なリストを作る人がいる。添付する手紙は，主要な改訂を中心に論理的に構成されており，重要な改訂を強調したものでなければならない。

日本人による投稿に対して日本人の審査者を探すか

　わたしたちが日本で集めたデータについての原稿を投稿した際，送られてきた論評の中に明らかに日本語的な英語で書かれたものが含まれていたことがあった。だが，わたしたちが質問をした10人の心理学者のほとんどが「日本からの投稿のために日本人の審査者を探さない」と答えた。日本人の審査者を探すのはその雑誌が明らかに国際的な視野に立っている場合，あるいは，その論文が日本語を母国語とする人間にしかわからないような問題に焦点をあてている

場合に限ったことのようであった。編集者の L. Siegel 氏は，「審査者の選択は雑誌編集者にとって最もむずかしく，かつ問題の多い任務である」と答えている。しかし，コラム12においても述べられているように，英語雑誌の審査者を務めることにより心理学の国際化に貢献する日本人の数は次第に増加してきている。

日本から投稿された論文は文化の問題を取り扱わなければならないか

　この質問に対する答えは，あなたの研究目的，および，雑誌の目的による。

　研究のトピックにもよるが，編集者は概して文化の問題を重要視するようである。彼らは北米から投稿された論文も文化の問題について同じように議論すべきであることは認めている。だが，欧米の雑誌の読者の大多数は日本のことをよく知らない。したがって，文化の問題について議論することは，読者がその知見をよりよく理解するための助けとなる。日本人による原稿にはそのような議論が必要である，という意見についてはわたしたちも同感である。わたしたちがこれまでにチェックした日本人の原稿に関していえば，ほとんどの場合そのような議論が行われていなかった。だが，非常に特殊な話題（たとえば，実験心理学における話題など）についての論文では，そのような文化についての議論はほとんど必要がないであろう。

研究のトピックに関する日本語の文献について論評（review）すべきか

　これもまた話題と雑誌の目的による。ただし，原稿を書く場合，読者はあなたの研究トピックに関する日本語の文献については何も知らないと考えた方がよい。残念なことに，日本から投稿された論文に著者の論文と海外の論文以外の文献情報が書かれていることはほとんどない。この問題は，文化の問題についての議論とは性質が異なる。文献の論評は研究が行われた文脈を伝え，読者に大きな利益をもたらす。さらに，引用した研究の質的な評価についても書いておけば，そのような論評はさらに価値のあるものとなる。これがなければ欧米の読者はあなたの引用している研究の質（たとえば，研究がうまく計画され実行されたものであるかどうか）の評価ができない。そのような評価がない場合，編集者によっては「読者が入手できない文献なら引用しない方がよい」と考えるかもしれない。しかし，別の編集者は，彼らの知らない文献に注意を向けさせてもらったことに感謝するかもしれない。要するに，日本語の文献につ

いては簡潔で質的な評価を含む論評を書いておく必要がある。
データが日本人の母集団に一般化できるかどうかについて議論する必要があるか
　どのような文化圏からの投稿であっても，一般性の問題は常に議論される必要がある。著者が欧米人以外の場合には，研究がどれくらい一般化できるのかを示さないと批判を浴びる可能性がさらに高くなる。それにもかかわらず，欧米で行われた研究の場合には，標本の記述がほとんど必要とされていないことは不幸なことである。いまや，*APA Manual* はどんな研究であっても「参加者の年齢，性別，民族的帰属について議論するように」という助言を行っており，かつ，多様な母集団に焦点を当てた研究をさらに出版したいという考えを表明している。標本がどのような母集団を代表しているのかを知ることは読者にとって有益である。ほとんどのデータは一般化することがむずかしいことは事実である。だが，あなたはこの問題についての議論を試みなければならない。
データを欧米の知見と比較するべきか
　研究に日本人しか参加していない場合，そのような比較は必要がないと思われるかもしれない。だが，あなたは読者と同じ視点に立って書く必要があり，読者はあなたの研究が自分の知っている研究とどのように関連するのかを知りたいと思っているのである。また，研究を過去の文献と関連づけることは常に大切であるため，審査者はどうしてもあなたの知見を自分の文化圏で行われた研究と比較してしまう。なぜならば，彼らはデータを評価するための基準を他に持ちあわせていないからである。そのような比較は，国際的・文化的な雑誌の場合には特に重要である。だが，それ以外の雑誌においても，編集者は「読者の理解を助けるために欧米の知見との比較をした方がよい」（L. Siegel 氏による）と考えるであろう。
審査者は他の言語から翻訳された英語や英語以外を母国語とする心理学者の書いた英語に寛容であるか
　この質問に対する前述の心理学者達の答えは変化に富んだものであった。ある研究者は，「審査者はネイティブどうしの場合には貧弱な文章に対しては寛容でない。だが，ネイティブ以外の研究者が書いたものに対してはより寛容であろう」と答えた。別の研究者は，「完全にアメリカ向けの雑誌よりもいわゆる国際誌の方が寛容である」と答えている。また，「審査者は公的には自分は

寛容であると言うが，私的には寛容ではない」という研究者もいた。さらに，「ネイティブでない人の書いた英語に対しては，あからさまに意地悪で，敵対的で，親切でない審査者もいる」と述べる編集者もいた。このような状況の下であなたが行うべき最も重要なことは，あなたの原稿をできるかぎりわかりやすく書くことである。もし読者があなたの書いたものを理解するのに苦労したらその価値は十分に理解されないのである。将来，日本人の英語に慣れるにつれて，審査者が今よりも寛容になるということもあり得る。寛容性の問題に関してこのように意見が分かれるということは，審査者の態度が予測不能であることを意味している。そのため，何回も書き直し，さらに，英語をチェックしてもらうことによって，勝算をできる限り大きくしておこう。

日本の心理学研究に対して欧米人は一般的にどのようなイメージを持っているか

　審査者が原稿を読んでそれが日本人によって書かれたものであると考えた場合，彼は日本の心理学者や日本人一般についてのイメージを思い起こすかもしれない。そこで，日本の心理学研究に対するイメージを知り合いの研究者に尋ねてみた。その結果，以下のようなさまざまなコメントを得ることができた。

　「一般に，日本人に対する固定観念（stereotype）が，日本の心理学研究に関してわたしたちの多くが抱いている考えに影響していると思う。たとえば，日本人の心理学者は①質が高く，②細部を優先し，③非常に生産的であり，④創造性に欠けており，⑤秘密主義であるように見られている。」

　「欧米の心理学者のほとんどは日本人の研究にまったく関心がない。なぜならば，日本人の研究が彼らに対して個人的な重要性を持たないからである。…たとえ日本人の研究がアメリカ人の研究の2倍優れていたとしても，アメリカ人にはどうでもよいことであろう。」日本人はライバルではないので，日本人が彼らの研究，論文の出版，あるいは，学問の世界での成功に影響することはない，とこの研究者は感じている。

　「日本の研究は，非常に優れた研究の多い成長分野として尊敬されていると思う。」

　「大部分のアメリカ人は，日本人のしていることのごく一部も知らない。日本人がこれまでに行った研究の多くは派生的なものが多いので，人々はいまだにあまり注意を払わないのであろう。」

「欧米の学会大会に15年間定期的に出席している数人の日本人でさえ，多くのアメリカ人に知られているわけではない。しかし，それらの日本人の研究を知る人々は，日本の心理学者のことを賞賛している。」

私たちがこれらのコメントを集めたのは10年以上も前のことであり，その後，日米の心理学者間のコミュニケーションが増加するとともに，このようなステレオタイプは大きく変化してきた。今後，欧米で出版される日本の心理学研究の質と量が向上すれば，これらの認識はさらに大きく変わっていくであろう。そして，あなたが論文を投稿したり，英語の心理学雑誌の審査者を務めることは，西洋の心理学が日本の心理学に対する展望を広める助けになるだろう。

■ 5．長い批判的な論評にこたえる

審査者と編集者の最初の手紙を受け取った時は，その長さと複雑さにショックを受けてはならない。審査者は，1つの審査結果を書くのに数時間も（審査者によっては数日間も）自分の時間を費やすのである。有能でない審査者ほど費やす時間が短い。だが，編集者はそのような表面的なコメントはあまり評価しない。審査制度があり，しかも競争の激しい雑誌では，審査者のコメントが1行おきでタイプして1ページ半より短いことはほとんどない。時には，細かな指摘と批判が非常に多く，かなり踏み込んだ内容のコメントが1行おきで5ページ以上にもわたってタイプされていることがある。以前，わたしたちは5回も書き直してから投稿したのに，実にさまざまな批評が送られてきて大変驚いたことがあった。一生懸命作業を行い何回も何回も書き直していると，自分の論文をもはや客観的に見ることができなくなるのは当然のことである。一方，審査者の新鮮な視点は改善すべき弱点や細かな誤りを簡単に見つけだす。これが審査者の価値である。審査者はあなたのアイデアについて新たな視点をもたらしてくれるのである。審査者がよほど意地悪でない限り，彼らが多くのコメントを書くために膨大な時間を費やしてくれて幸せだと思うべきである。彼らの意見を道案内として書き換えれば，あなたの論文はそれ以前よりも大幅に改善されるのである。審査の過程は大学や大学院で論文を書いているときよりもずっと多くの作業をあなたに要求する。だが，その目的はあくまであなたの論文と思考の質を向上させることにある，ということを忘れてはならない。英語

では，このような困難な学習過程のことを，ユーモアも交えて「実践での叩き上げ（The School of Hard Knocks）」と呼んでいる。

(D. シュワーブ & B. シュワーブ)

コラム9

◇◇◇掲載拒否が，審査結果にはっきりと書かれていないことがある

　欧米の編集者は，再投稿を勧めるかどうかについての裁定を明言せず，その判断を著者にゆだねることがある。この事実は，「欧米人は考えを率直に発言する」というわれわれの常識に反するようにも思われる。これはどういうことであろうか。

　ひとつ考えられることは，欧米の編集者が審査結果を明言しないのは，編集者が「投稿とは交渉である」という認識を持っているためである，ということである。つまり，編集者の多くは「論文の審査とは，より高い立場にあるその道の権威が価値判断の結果を上から下へ伝達する過程ではなく，編集者と投稿者が対等な立場に立って互いに正当性を主張し合う行為である」と考えており，そのために論文の内容に関する自らの考えを明言するにとどまっている（すなわち，上意下達のような高飛車な発言は行わない）のかもしれない。

　もしこの考えが正しければ，特定の雑誌や編集者に掲載を拒否されたとしても落胆する必要はない。なぜならば，それは特定の権威により否定されたということを意味しているのではなく，単にその編集者と意見が合わないことが明らかになったにすぎないからである（そもそもrefereeには仲裁人という意味がある）。もっとも，欧米にも権威主義的な研究者は数多く存在するので，この考え方にどの程度の一般性があるかはわからない。だが，投稿においてはその雑誌の価値体系に適応することにあまりにこだわってはならないことは確かである。世界には複数の価値体系が存在し，交渉している相手はその中の1つにしかすぎないのである。その場合に必要なことは，交渉に参加する研究者が互いの主張の根拠と譲歩可能な範囲をすべて開示することである。

　これは，さまざまな治療法に関する詳細な情報に基づいて患者自身が自らの治療法を選択するインフォームド・チョイス（informed choice）やインフォームド・ディシジョン（informed decision）の考え方と類似しているように思われる。一度否定されると他に自分を生かす場所がないような単一の価値体系の中で，自分の願い事の成就を他人の判断にゆだねるような他力本願的な発想に慣れきっていると，自分を生かす場所が必ずどこかにあるような複数の価値体系の中で，自分が世界を構成する主体であるという考え方に従って自らが進むべき道を選択することは，かなりむずかしい。だが，投稿とは交渉であるということをしっかりと認識しておかなければ，相手を尊重しながら自己を適切に主張することはできない。投稿に際して人事を尽くすことは重要である。だが，審査結果は「天命」ではない。

(高橋雅治)

11 受理のあとで

■ 1．最終的な校正にむけて

　原稿の修正を2度にわたって求められることもある。その場合は，最初の修正の時と同じスタイルの手紙を添えるとよい。その手紙にもやはりすべての修正事項を書いておくべきである。論文が最終的に受理された後にも，内容を修正するチャンスはある。編集者の最終的な裁定を待っている間に新たなアイデアを思いついたり新たな引用文献を追加したくなった場合には，受理の後であっても急いで編集者に手紙を書いてそれに対する許可を求めよう。その際は，変更完了の期限も聞いてみよう。

　雑誌の出版社からはたくさんの朱書きの修正が書かれたタイプ原稿のコピーが送られてくる。出版社は，それらの校正を承認すること，および，不足している細かな情報を埋めることを求めてくるであろう。これらを返送してから2，3週間後に，今度は実際の出版の書式で印刷された校正刷り（proofs），つまり，ゲラ刷り（galleys）がpdfファイルで送られてくるであろう。この時点では重大な変更を行ってはならない。ここでは，直せることはどんなに小さなことであっても修正し，さらに，文字の誤りを1つひとつチェックすることが要求される。雑誌は，校正刷りをペンで直して送るよりも，pdfファイルを用いて校正を行う方が次第に多くなってきている。

■ 2．最終的な校正について

　欧米と日本では校正の記号が少し異なる。そこで，それらの違いを示す短い表を載せる。これまでに掲載したわたしたちの校正の例が示しているように，わたしたち自身は出版社の校正記号をあまり使わない。雑誌編集者が校正刷りに書かれた最終的な校正記号を見ることはないので，校正についての約束事に従わなかったり正しい記号を使わなかったりしてもあなたの評判が悪くなるこ

とはない。重要なことは，出版社で作業する人にとってあなたの修正がわかりやすいかどうかである。出版された原稿に誤植があると読者に悪い印象を与えてしまう。したがって，できることなら論文に書かれている単語を1つひとつチェックしてくれるネイティブを探し出すとよい。それができない時には，自分自身で1つひとつの単語をきわめて注意深くチェックする必要がある。以下は標準的な校正記号が書き込まれた段落の例である。

校正の方法は，ゲラがデジタルで送られてくるか，印刷物として送られてくるかによって異なるであろう。ほとんどの著者はこれらの編集記号に馴染みがないか，あまり慣れていない。そのため，ほとんどの雑誌は，あなたがこれらの記号を用いないことに対して，柔軟に理解を示してくれる。大切なのは，あなたが変えてほしい事柄を，雑誌に対して正確に伝達することである。

● 校正編集記号の例

/cap/lc ─ Age levels, Factor Structures, And Labels

¶/ital ¶Age differences in items. The JTQ data indicated general continuity in rom

¶ the dimensions chosen by the mothers to label the structure of maternal

tr perceptions and general discontinuity in the items up making these

⊙ dimensions∧A longitudinal design is necessary to track genuine

JTQ developmental changes on∧measures but even the cross∧sectional data /=/

here suggest age differences in maternal perceptions. Despite∧request our

Stet that mothers generate items useful for 1-to 6-month-olds, some items

were more appropriate for younger or older infants,∧e. g.∨Puzzled by (/)∨

∨/∨ unfamiliar food∨and∨is very wary of new people∨were rated as very ∨

(/) infrequent by mothers of 1-month olds.

　現在では，校正をメールやオンラインで行うことが多いので，これらのマークをすべて覚える必要はない．だが，出版社や出版原稿の整理係（Copy editor）による修正を理解するためには，これらのマークの意味を知っている必要がある．

　出版社から送られてくる手紙には，「校正刷りを一定の期間内に送り返すように」と書かれているかもしれない．だが，これは英語のネイティブのための基準であり，外人の場合にはもう少し時間（1週間ぐらい）をとってもよい．このような長く無駄な待ち時間の後に突然急がされることを，よく言われる「急げ，しかし待て（Hurry up and wait）」という表現をユーモラスにもじって，「待て，急げ（Wait...hurry up!）」という．出版社はすでに論文を印刷する契約を結んでいるので，正確な校正のためなら1週間くらいは我慢してくれるであろう．また，校正の時のみならず，投稿のどの段階においても，日付を付けたファイル名でバックアップをとり，出版が延びても常に最終バージョンを探せるようにしておくことも忘れてはならない．　　　（D. シュワーブ & B. シュワーブ）

第1部◆11 受理のあとで

● 校正編集記号——アメリカと日本との違い

日本語の校正記号	英語の文章中の校正記号	英語の余白での校正記号
トルツメ（とってつめて）	survey reserſch	ˢ
イキ（もとのままでいい）	it was O. K. as it was	stet
ことば∧（ことばを入れて）	insert a here	word
⁀（ことばや文字を入れかえて）	reverse order word	tr
⌣（ナカグロを入れて）	x y	∧/∨
⌐右にうつして¬	move to the right ⌐	⌐
⌙左にうつして⌐	⌐move to the left	⌐
ローマン体にして	set in Roman	rom
イタ体にして	set in italics	ital
ボールド体にして	set in bold	bf
大文字にして	change to upper case	cap
小文字にして	change to lower case	lc
ハイフンを入れて	add a hyphen(year old)	/=/
∧∨（下ツキと上ツキ）	3 or 3	∧ ∨
スペースをあけて	add onespace	#
段落を始めて	¶ start a new paragraph	¶
□（左側からスペースをあけて）	□ indent	□
（コンマ・点・コロン・セミコロンを入れて） ⌣ ⊙ ∷ ⌢	insert a comma period semicolon or colon	∧ ⊙ ; :
（クオーテーション・マークに入れて）	add quotation marks	ˇˇ / ˇˇ
（かっこに入れて）	add parentheses	(/)

コラム10 ◇◇◇**電子投稿は簡単である**

　初めての電子投稿では，事前の知識がないこともあり，漠然とした不安を抱いてしまう学生や院生が多いようである。そこで，そのような不安を少しでも解消するために，Elsevier 社の雑誌を例として，電子投稿の概要を説明する。

【投稿規定の確認】

　各雑誌のホームページには，投稿規定（Guide for Authors）が掲載されている。まずは，投稿規定をよく読んで，自分の論文の内容と書式を，投稿規定と完全に一致させよう。また，雑誌により保存形式や保存の仕方が異なるので，指定された方法で保存することを忘れてはならない。たとえば，図表をワードのファイル内に直接貼付けることを要求する雑誌もあれば，本文と図表を別個のファイルに保存することを要求する雑誌もある。

　さらに，投稿の仕方についても，ホームページからアップロードする方法（Elsevier 社の場合）や，論文ファイルをメールに添付して送る方法など，雑誌により大きく異なっているので注意しよう。

【アップロード】

　アップロードの過程は，著者登録（registration），ログイン（Login）と新規投稿（Submit New Manuscript）という作業から成っている。これらは，インターネットショッピング程度のスキルがあれば，簡単に行うことができる。

　まず，登録のページを開いて，名前と電子メールアドレスを入力し，続いて，ユーザー名とパスワードを入力する。それらの内容は後で使うので，必ずメモをしておく。

　次に，ログインのページを開いて，ユーザー名とパスワードを入力する。うまく，ログインができたら，著者（author）のメニューの中から新規投稿をクリックして，投稿を始める。

　投稿に必要な作業の詳細は，雑誌によって異なる。Elsevier 社の場合は，論文のタイプ，論文題目，および著者名を入力し，続いて原稿ファイルのアップロードを開始する。

　アップロード時に用意するファイルは，添付書（cover letter），査読者の提案（Reviewer Suggestion），論文（Manuscript），表（Table），および図（Figure）である。添付書は，本書の第10章に掲載した手紙例を参考にして作成すればよい。また，査読者の提案については，論文で引用している研究者等をもとにして，自分の論文を審査して欲しい候補者のリストを作成する。これらのア

ップロードが終わったら，次に，論文本体のファイルや図表のファイルをアップロードする。

【最終確認】

アップロード後にpdfファイルを自動的に生成するシステムを採用している雑誌では，pdfファイルの自動生成を待ち，生成されたファイルの内容がオリジナルの原稿内容と一致しているかどうかを確認する。すべてのアップロード作業が終わったら，倫理規定等に同意して完了である。修正論文の提出や最終原稿の提出も同様の過程を行うだけであり，一度体験してしまえば難しいことはない。

【校正】

受理後の校正ではpdfファイルを用いることが多いが，その作業内容は紙と鉛筆の場合と同様であり，さほど心配することはない。

まず，原稿のゲラがpdfファイルで送られてきたら，その内容を急ぎ精査し，修正すべき内容をpdfファイルに書き込んでゆく。具体的には，Acrobat Readerの「ツール」メニューの中の各種の描画用のツール（矢印ツール，直線ツール等）や，ノート注釈を用いた修正指定（例えば，Please ensure that this 'k' is italicized. Please insert a space between '100' and 'kg.' 等）をうまく併用して，エディターに修正内容を伝えることになる。その際には，本書の第11章に示した欧米の編集校正記号を華麗に使いこなしてもよい。だが，これまでの経験から言って，特殊な編集校正記号を駆使しなくても，簡単な指示だけでほとんどの修正を伝えることが可能である。

（高橋雅治）

第1部 12　心理学者としての英語上達法

　この本は英会話のテキストではない。だが，英語を聞いたり，話したり，読んだり，書いたりする力が上達すれば，あなたの原稿の質も必ず向上する。そこで，ここではそれらの力を上達させる一般的な方法をいくつか提案しようと思う。

1．聞く

　英語には，「あなたはわたしの言うことが聞こえていたが，聴いてはいなかった（You heard me but you weren't listening）」という言い方がある。聞こえる（hearing）というのは受動的な行動であり，理解を含まない。読者の方々は，聴くこと（listening），つまり聞いたことの意味を能動的に探し出すことを覚えなければならない。創造的で能動的な学習者になれ，ということである。テープを聴くことは有益である。しかし，英会話のテープはあまり面白くないこともある。そのような場合には，詩のテープ，本の朗読，あるいは，あなたにとって意味のあるものであれば何でも使ってみよう。レンタル・ビデオを見るときは，日本語の字幕を見ないで英語の字幕を見るようにしよう（英語の字幕は特殊な機械を使えば画面の下に映し出すことができる）。衛星放送を見て，ネイティブの話に耳を傾けてみよう。心理学的な教材としては，アメリカ心理学会（APA），アメリカ教育研究学会（AERA），あるいは他の学会大会から，招待講演や大会演説などの録音テープ，DVD，オンラインのストリーミング，あるいはダウンロード可能なビデオを入手することができる。また，アメリカの授業でよく使われる心理学入門用のビデオ教材もあり（これらは日本よりもアメリカで買った方がずっとお買い得である），それらは聞き取りの練習にとても適している。家庭教師との一対一の会話は，英会話の授業でのグループ・レッスンよりもはるかによい。だが，家庭教師や英会話の先生は不自然なくらいゆっくりと話していることが多い。正常なスピードの英語に順応するために

は，自然な談話が録音されているテープやビデオ等を用いる必要がある。

■ 2．話す

　外国の心理学会の大会に参加すれば，話したり聞いたりする能力が向上する。文部省や他の基金に学会参加の旅費や異文化圏での短期的な在外研究の申請をすることもできる。専門家による集中的な授業を除けば，あとは外国に住んだり海外を旅行したりする以外に英語を上達させる方法はない。だが，海外にいる間に英語を話さなければならないような状況をかならず経験しなければ，それも意味がない。大学院生が留学をするなら，最低一年間は日本人留学生の少ない大学に滞在することを勧めたい。また，学会大会のポスターセッションでは，発表を聞きに来た人の質問を理解してそれに答えなければならないので，これもよい練習になる。口頭発表の原稿を書けば語彙が増える。演説を行えば自信がつく。声を出して読むことは，英会話のよい練習になる。また，APAの地区組織により毎年開催される学生学会がある。たとえば，ロッキー山脈心理学会（Rocky Mountain Psychological Association：www.rockymountainpsych.org）はその一例であり，そこでは大学院生や学部生が初めての発表経験を行っている。これらの学会は受理率が高い。

■ 3．書く

　わたしたちの知り合いのある日本人研究者は，雑誌に出ている論文を読んでその要約を書くという方法によって書く能力を上達させている。要約を書いた後で実際の要約を読み，それを自分で書いた要約と較べるのである。電子メールや手紙によるネットワーク作りもまた定期的な練習となる。受け取ったメッセージの自然な表現を真似ることもできよう。もう1つの良い練習法は，雑誌に載っている論文を直接書き写すことである。書いている間は英語を見ないようにして，記録している部分を出来るだけたくさん書いてみるのである。練習を積むにつれてしだいに長い語句や文章を記憶することができるようになる。書いた後に自分で書いたものを元の文章と較べて，前置詞や冠詞などを忘れていないかどうかを確認してみよう。また，正式な雑誌論文の原稿を書く前に，要約や学会大会への投稿のような短いものからチャレンジするのもよいであろ

う。

　心理学論文を書く場合には出来る限り書き直しを行い，さらに，自分で書いた文章を朗読することによって良い英語を聞き分けるための「耳」を発達させるとよい。朗読の過程においては，自分自身へのフィードバックが行われる。そのため，朗読を行うことによって，誤りに気づきそれを修正する能力が身につく。そして，何よりも重要なことは，ほんのわずかでもよいから毎週何かを英語で書く習慣を身につけることである。書く能力を改善する上で経験と練習が重要であることを強調する英語の表現のひとつに，「作家は常に書く（A writer writes, always.）」というものがある。

4．読む

　書く力を上達させるもう1つの方法は，読む力を上達させることである。出来る限りたくさん読むことにより，語彙を増やし自然な英語とAPAスタイルを聞き分ける「耳」を発達させることが出来る。自分自身の論文に関しても，黙読している時にはなかなか誤りを発見できないのに，同じ文章を朗読してみると驚くほど簡単に誤りを「聞く」ことが出来るのである。また，心理学について英語で書かれたものを毎週定期的に読むようでなければ，十分な量を読んでいるとはいえない。英語を読むことが習慣になれば自分の語彙が驚くほど速く増えるようになる。英字新聞を読むのも語彙を増やすためにはよい（わたしたちはJapan Timesが好きである）。また，インターネットが利用できるなら，www.asahi.comで毎日，英語のニュースを読むこともできる。実際，世界中には*New York Times*（nytimes.com），*Washington Post*（washingtonpost.com）をはじめとして，何千もの新聞の英語ニュースサイトがある。翻訳にたよる考え方を取り除くためには，英和辞典の代わりに英英辞典を使う習慣を身につけよう。最終的には，文脈から意味を読みとることで辞書がなくても単語の意味がわかるようになるとよい。

(D. シュワーブ & B. シュワーブ)

コラム11 ◇◇◇英語で話す力を向上させるにはどうしたらよいでしょうか？

　自分の学生時代を思い起こしてみても，会話力の不足は深刻な問題であった。実際，欧米の心理学者の講演会において果敢にも英語で質問を試みたものの，会話力の不足から結局は立ち往生してしまったことが何度もあった。

　会話力の上達は現在でも自分にとっての大きな課題であり，残念ながらここで画期的な上達方法を紹介することはできない。だが，これまでの経験から，英語による討論を苦手と感じる主な原因は「討論のための英語表現を身につけていないこと」と「討論中に不安や緊張などの反応が優位になってしまうこと」の2つであることは身をもって理解している。そこで，ここでは，これらの問題を除去する上でとても役に立つ「英語ゼミ法」と呼ばれている方法を紹介しようと思う（この方法は相場覚先生〈元放送大学〉によって始められたものである）。

　これは，志を同じくする同僚や大学院生と一緒に英語による心理学のゼミを定期的に行うという方法である。そのゼミでは，挨拶・研究発表・質疑応答・次回の打ち合わせ等をすべて英語で行う。

　当然のことながら，最初は発表者も質問者もたどたどしい英語しか使えないので，予定していたゼミの内容はほとんど消化できないかもしれない。また，誰もが会話に行き詰まってしまい，時には長い沈黙が続くかもしれない。

　だが，回を重ねるにつれていくつかの面白い効果が現れる。まず，発言において用いられる表現方法が急速に多様化する。最初の頃は，ゼミでの会話になんとか参加するために，各参加者が2，3の典型的な質問方法（たとえば，"I have a question", "Is it possible that……?" 等）をあらかじめ覚えて来るのが関の山である。しかし，それだけでは会話が続かないので，各参加者はお互いの表現方法をごく自然に真似し始める。その結果，ゼミではしだいに多様な表現が飛び交うようになる。

　時には，日本語と英語が入り混じった奇妙な表現が流行してしまうこともある。いわゆるクレオールの成立である。この状態をしばらく楽しんでもよい。だが，できれば時々は英語のネイティブに参加してもらい，発音やアクセントの誤りや奇妙な言い回し等を直してもらうことも必要であろう。

　このような訓練をくりかえすことにより，討論のための英語表現のレパートリーが増加し，それにつれて討論にともなう不安や緊張は急激に減少する。したがって，この訓練は，海外でかくべき恥を国内であらかじめまとめてかいておくことに相当すると言えるだろう。

（高橋雅治）

13 第1部の結論：英語論文の執筆と投稿を開始する方法

わたしたちが日本人の心理学者である読者の方々に英語論文の執筆と投稿を勧めるのは，次の2つの重要な理由による。すなわち，①心理学をグローバルな研究分野として発展させるため，および，②日本国内の心理学を発展させるためである。

心理学が国際化することは重要である。20年前に日本心理学会ニューズレターに書いた1992年のエッセイ（Shwalb, 1992,「心理学の国際化」）においても述べたように，アメリカ人の心理学者の持つ自文化中心主義（ethnocentrism）が心理学の国際化にとっての最も大きな障害となっている。アメリカの心理学者のほとんどは日本の心理学者の研究については何も知らない。アメリカの心理学者の大部分は（一般的なアメリカ人と同様に）第二言語を理解しない。そして，欧米以外の心理学雑誌を読んだことのある心理学者はほとんどいない。また，彼らは，合衆国以外の心理学については知る必要もないという誤った考えを持っている。カリフォルニア州立大学のデイビット・マツモト博士によれば，アメリカ人は他のどの先進諸国の人々よりも自文化中心主義的である，ということである。従って，アメリカ人の心理学者が自文化中心主義におちいっていることは驚くにあたらないのかもしれない。

大部分のアメリカ人心理学者よりも優れた思考力を持ち，かつ，優れた研究を行っている日本の心理学者は多い。したがって，アメリカ人がそれらのすばらしい日本の研究について学ぶことは重要なのである。日本人の書いた論文が大量に出版されてはじめて，アメリカ人は注意を払うようになる。野球の分野では，多くのアメリカ人が，イチローはすばらしい選手であると思っている。だが，多くのアメリカ人が，日本の野球選手はアメリカの選手よりも概して劣っていると決めてかかっている。これは心理学においても同様であり，多くのアメリカ人は，アメリカの大学院のプログラムの方が日本よりも優れており，優れた心理学者を生み出していると決めてかかっている。アメリカ人のほとん

どは，アメリカのデータが世界の標準であり，アメリカ人の性質が人類の性質であると決めてかかっている。社会心理学の研究が示唆しているように，そのように過度に単純化された思考は無知に基づいている。このように，アメリカ人はしばしば「優越コンプレックス（自分の国が他の国より優れているという潜在的な優越感のこと）」を持ち，アメリカ人が何においても一番であると思い込んでいるように見える。アメリカの心理学者のそのような自文化中心主義は，ゆがんだ心理学をもたらす。心理学がグローバル化し，アメリカの心理学自体が，黒人系，ヒスパニック系，アジア系の心理学者の増加とともに多文化化するにつれて，このような自文化中心主義は消失すると思う。同様に，読者の方々が世界の心理学に貢献してくれれば，心理学はより普遍的な科学になっていくことができるのである。

　わたしたちはまた，「日本の心理学も同じように自文化中心主義的（ethnocentric）であり，異文化比較研究にはまったく興味がない」という意見を聞いたことがある。しかし，日本の大学院生や若い研究者と話していると，彼らは両親や先生たちの世代よりもはるかに国際化された日本の中で育てられてきたことがわかる。多くの学生は国際的な学者になりたいと思っている。読者の方々には，日本の心理学者になることだけではなく，国際的な心理学者になることも目標にして欲しいと思う。もちろん，わたしたちは，英語で書いたり海外に旅行したりすることを望まない人々を批判しているのではない。日本語で書き，日本国内での学問的な貢献に精力を傾けることは，日本の研究の質を高めるためには大切なことである（もちろん研究よりも教育に精力をそそいでいる学者もまたわたしたちは同じように尊敬している）。しかし，21世紀には，国際的な考え方を持った日本の心理学者が，日本国外においてこれまでよりもはるかに歓迎されると思う。心理学の国際化は組織レベルでは顕著になりつつある。しかし，この傾向に対する寄与は個人レベルで，ひとりの人間ごとに着実に起きなければならない。

　わたしたちは，日本の雑誌に日本人以外の心理学者の論文を載せることを，日本の心理学者に推奨している。日本語で出版されている外国人の書いた論文の多くは，有名な心理学者が書いた招待論文（invited article）である。また，日本の学会大会で論文を発表している海外の心理学者の多くは，招待講演を行

うような有名な学者である。しかし，有名でない外国の心理学者が書いた論文も日本語で読むことができればと思う。日本語が書けなくても「自分の研究を日本語で読むことが出来るようにしておきたい」と考えている外国人を援助するためには，何らかの翻訳制度を立案すべきである。この本は，1998年の出版後に日本国内で4000部ほど売れ，この15年間の日本人心理学者や学生の論文数や学会発表数の増加に，わずかながらも貢献してきた。それにより，自分の研究成果を欧米に知らしめたいと思う日本人が以前よりも増えたかもしれない。だが，それだけでは十分ではない。欧米の研究者が日本の心理学から完全に閉め出されていると感じなくなれば，彼らは日本人心理学者の欧米誌への投稿にもっと興味を持つかもしれない。多くの外国人に日本での出版の機会を与えるにつれて多くの欧米人がその返礼として日本人の欧米での出版を手伝いたいと思い始めるかもしれない。日本の雑誌もまた，海外の日本語以外による研究を出版するように，開放されていかなければならない。文化の異なる心理学者の間に架け橋を作ることが今求められているのである。だが，わたしたちは「一方通行の橋（one-way bridge）」は作りたくはない。

　現在の心理学部・学科の学生が影響力と責任のピークに達する21世紀中葉には，現在は少数派グループと呼ばれている人々（黒人，ヒスパニック，アジア系アメリカ人など）が，アメリカ国民のまちがいなく多数派となるであろう。このような人口の趨勢を背景にして，社会科学者たちは白色人種以外の母集団の研究にしだいに興味を持つようになってきている。この傾向は，欧米で論文を出版したいと思っている日本の心理学者に有利にはたらく。なぜならば，雑誌の編集者たちは，この20年間に，アメリカ合衆国の中流階級以外から得られたデータに対してしだいに興味を持つようになってきたからである。このような歴史的状況は是非とも利用すべきである。

　最後に，読者の方々は最初に何をすべきかと問うかもしれない。この本にはあまりに多くの提言が書かれているので，何から始めたらよいかがわからないように思われるかもしれない。英語で書く力をつけるために実行できそうな事柄のリストを作りながらこの本を読み返すことから始めるのもよい。また，目標に応じて，もっと読んだり，定期的に書いたり，あるいは，欧米の雑誌と学会について調査することから始めることもできる。おそらく，最初にすべき最

も重要なことは，本当に英語で書きそれを出版したいと思っているかどうかを自問してみることであろう。もし書く理由が1つも思い当たらなければ，おそらくまだ準備が出来ていないのである。だが，英語で書く何らかの正当な理由があるならば，何か特定の目標を設定すること（goal-setting）から始めてみよう。たとえば，2年以内に国際的な学会大会に参加すること，3年以内に英語の雑誌に論文を投稿すること，5年で3本論文を出版すること，あるいは，6年以内に外国で半年間の研究をすること等の目標を自分自身に課すのである。わたしたちの場合は，10年毎に日本語の本を1冊と英語の本を1冊出版するという目標を立てている（この新版が出されることで，30年間この目標を達成し続けていることになる）。目標が決まったら，次にそれを達成するための下位目標を設定し，それらの下位目標を達成するための努力をする。心理学の知識があり，しかも小中学校からの英語の知識があれば，夢を持ちそれを実現するための土台はできあがっている。わたしたち，そして，国際志向を持った心理学者たちは，あなたの英語論文を読むことを楽しみに期待している！

(D. シュワーブ & B. シュワーブ)

コラム12 ◇◇◇次の時代に向けて

以下は，1998年に出版された本書の初版に掲載したコラムの一部である。

「野茂選手が100人いたとしたら？」
　米国における野茂選手の活躍は，国際社会での活躍を志す多くの日本人を勇気づけている。野茂選手は，米国留学の後に日本国内で活躍するのではなく（もちろん，これも野球の国際化にとってとても重要なことである），米国のいわゆる本場の選手と対等な立場に立って活躍している。そのために，野茂選手のケースがとりわけ大きな話題となっているのだと思う。
　だが，その一方で，第二，第三の野茂を目指す選手が増えることにより日本の野球界のレベルが低下してしまうことを憂慮する声も聞かれる。つまり，優秀な選手が海外に流出することにより，日本の野球が面白くなくなってしまうことが懸念される，というわけである。確かに，野茂選手の活躍を日本で見ることができないのはとても残念なことのように思われる。
　しかし，今日では，多様なメディアの発達により野茂選手の活躍のほとんどを国内でも楽しむことができる。加えて，もし野茂のような選手が100人出てきたとしたら，日本の野球界には将来どのように変化が起こるかを考えて欲しい。もしそのようなことが起これば，世界中の野球関係者が「日本の野球のレベルはとても高い」と思うようになるであろう。その結果，世界中の数多くの野球選手が，選手としての最終目標を日本での活躍に置くようになるかもしれない。また，日本の養成プログラムは優秀であるに違いないと考えて日本への留学を希望する選手が続々と来日するようになるかもしれない。したがって，野茂選手のような優秀な選手を数多く輩出することができれば，日本の野球のレベルは大幅に向上するに違いない。
　このような考え方は，学問の世界にもあてはまると思う。試しに，このコラムの最初の３つの段落を，「選手」は「研究者」に，「野球」は「心理学」に置き換えながらもう一度読んで欲しい。
　どのような学問分野であっても，日本の研究者が優れた英語論文を多数発表するようになれば，それらの研究者が母国語（日本語）で書いたものも読みたいと思う欧米の研究者が増加し，結局は遠い将来における日本語の流通性を高めるに違いない。対岸に渡るために架けた橋は，対岸の人がこちらに渡るために使うこともできるのである。

　このコラムを書いた頃は大リーグで活躍する選手がほとんどいなかったことを，今は懐かしく思う。その後，状況は大きく変わり，改訂版を執筆している現時点では，（野茂選手は残念ながら引退したけれども）イチローやダルビッシュの活躍があたりまえの時代になった。これは，心理学についても同様である。今や，国際誌への投稿はもちろん，国際誌で審査者や編集者を務める心理学者もまた，あたりまえの時代になった。これからは，若き心理学者達が作り出す次の時代を，わくわくしながら見守っていきたいと思う。

（高橋雅治）

第2部　日本人研究者からのアドバイス

　第2部では，英語を母国語としない研究者の立場から，英語で心理学論文を書くためのヒントについて述べようと思う。英語を苦手とする日本人研究者のアドバイスはあまり役に立たないかもしれない。だが，英語による執筆の初心者にとっては，英語が苦手な研究者の体験から生まれたヒントの方が役に立つということもあろう。おそらく，ネイティブの研究者とネイティブではない研究者の見方がうまくかみ合ったときに，本当の意味で役に立つアドバイスを提供することができるのだと思う。そのような意味では，第1部はネイティブによるトップ・ダウン的なアプローチであり，第2部はノン・ネイティブによるボトム・アップ的なアプローチであると言えるかもしれない。

第2部 1　最初の1篇をどうやって書くか

　言うまでもなく，英語を母国語としない研究者が英語で論文を出版することは大変な事業である。特に，初めてのチャレンジの場合には，紆余曲折があまりに多く，途中で挫折してしまうことも多いのではないかと思う。そこで，第1部と同じように，わたし個人が辿ってきた道について語ることから始めようと思う。自分の体験を話すのは恥ずかしい気もする。だが，以下で述べるヒントのほとんどは，自分自身の体験にその端を発している。したがって，第2部で述べるヒントの真意を理解してもらうためにも，自分の体験談をあえて披露しようと思う。

1．語彙と文法のみでの挑戦

　わたしが最初に英語で論文を書こうと思ったのは，大学院の3年目の時であった。当時わたしは学習についての実験心理学的な研究に従事していた。そして，幸いにも，最初の3年間で，人間の学習過程に関する比較的明確なデータを集めることができたのである。そこで，事の重大さについてはまったく考えもせずに，それをいつも読んでいる雑誌に英語で投稿しようと考えた。今にして思えば，それはあまりに大胆で向こう見ずな考えであった。

　その時，実験データ以外に用意したものは，英文タイプライター，高校時代から使っていた英和辞典，2，3の英英辞典，それに，英文法の参考書等であった。幸いなことに，英語は高校時代から好きな科目の1つであった。だが，恐ろしいことに，英語論文の書き方についての知識は皆無に等しかった。たとえば，タイプの仕方や用紙の使い方等はまったく知らなかったし，ましてや APA Manual 等はその存在すら知らなかったのである。知っていることと言えば，日頃読んでいる英語論文にはタイトルと名前があり，その後ろに，要約，序文，方法，結果，考察，引用文献等が書かれていることくらいであった。

　そこで，何はともあれ，論文のタイトルと自分の名前をタイプしてみた（当

然であるが，これは大変うまくいった）。次に，要約は後回しにして，まずは序文を書こうと考えて，タイプライターに次の紙をセットした。

　ところが，その後はまったく書くことができなくなってしまった。まず，最初の一文が浮かんでこない。序文の最初には，「この分野ではこのような研究が行われてきている」というようなことを英語で書けばよいのだ，ということはわかっている。また，「研究」というのは，studyかresearchだろう，ということも知っている。けれども，それらの単語の具体的な使い方となると，辞書を見てもよくわからない。同様にして，「変数」というのはvariableということは知っている。だが，「過去にこのような変数が操作された」というのは，どのように書いたらよいかがさっぱりわからない。

　このようなことで悩んでいる間に時間ばかりがどんどん過ぎて行く。どうして書けないのだろう。もしかしたら最初から英語で書こうとしたのがまずかったのだろうか。あるいは，「初めての心理学英語論文」のような参考書があって，それを自分が知らないだけなのだろうか。それとも，留学してネイティブの先生に助けて貰うしかないのだろうか。

　そのような悪戦苦闘を繰り返しているうちに，なんとか序文らしきものを書き上げることができた。だが，たった数ページを書き上げるために驚くほどの時間と労力を要し，しかも出来上がった序文はどうみても誤りだらけでとても投稿出来るようなしろものではなかった。これを何とか通じる英語になおして（その頃は，外人の知り合いが全然いなかった！），しかも，その後に続く方法，結果，考察まで書く労力を考えると，自分の目指していることが絶望的な企てに思えてきた。それまでに費やした時間と労力を基にして投稿までの所要時間を推定すると，大学院在学中に投稿まで漕ぎ着けることはまず不可能であろう。それならば，別に英語で出版しなくても，活字になって他の研究者の目に触れさえすれば，それでよいのではないか。それよりも次の実験の準備のような前向きな仕事に時間を費やした方がよいのではないか。いっそのこと英語で書くのはもうやめてしまおうか。

　しかし，結局はぎりぎりのところで踏みとどまった。その時なにゆえ踏みとどまったのかはわからない。だが，今になって考えると，ここで踏みとどまったことが，その後の研究者人生をきめる非常に大きなターニング・ポイントに

なっていたように思う。別にどの道が良いとか言っているのではない。日本語で書くことも英語で書くこともあるいはそれ以外の言語で書くことも，日本の心理学に対する貢献という点ではまったく差がないと思う。だが，英語で出版することは，その後の研究者人生にいろいろな意味で大きな幅を持たせることは事実である。本稿では，英語による出版がもたらすそのような幅の一端を伝えることが出来ればと思う。

2．卓上例文検索法

　序文が書けなくて困っていた頃に，論文の書き方についての本を探したことがあった。残念ながら，「初めての心理学英語論文」のような本は見つからなかった。だが，医学系や生物学系等の分野にはとても役に立ちそうな参考書がたくさんあることに気がついた。それらの参考書には，専門用語を駆使した議論や実験に関する詳細な記述等を英語で書くための具体的な例文がたくさん載っていて，それらを真似して書けば大抵の論文は書くことができてしまうのである。

　もちろん，医学系・生物学系の論文と較べた場合，心理学系の論文では，より込み入った議論が行われることが多いように思われる。たとえば，教育心理学や社会心理学関係の論文では，問題の所在や研究の目的を実際の社会問題と関連づけながら説明することが多い。そのような議論においては，心理学の専門用語のみならず，社会科学関係の議論において用いられる多様な単語を自在に駆使することができなければならない。したがって，心理学の場合には，特定の専門用語を使った例文集を作ってもあまり意味がないようにも思われる。

　だが，心理学の論文をよく読んでみると，どのような分野の論文であっても実際にはかなり定型的な表現がきわめて多いことに気づく。たとえば，知覚心理学や学習心理学の論文では，装置や実験条件等についての定型的な表現が数多く含まれている。同様にして，認知心理学や社会心理学等の論文でも，問題の導入方法や理論的解釈等の記述においてはやはり定型的な表現が多用されているのである。そこで，一度は放り出した前述の原稿をもう一度取り出して，先行研究で使われている例文を参照しながら書くことを思い立った。その方法は以下のとおりである。まず，できるだけ大きい机を用意する。次に，自分の

研究に先行する研究の論文が掲載されている雑誌を10冊ほど借り出してきて，先行論文が掲載されている頁を開いたまま原稿の周りに並べて置く。そして，自分の原稿に1つの文章を書くごとに，それと類似した内容を述べている文章を先行論文の中から丹念に探し出すのである。

1つの例文を見つけだすためにかかる時間は単語によってまちまちであった。単語によっては5分くらいでたくさんの例文が見つかることもあったが，ひどい時は丸一日探しても見つからないこともあった。そのような場合にはしばしば読んでいる先行論文自体が面白くなってしまい，そこで引用されている文献を探しに図書館に行ったりして，しまいには何のために論文を読んでいるのかがわからなくなってしまうこともあった。

だが，このようにして探し出した例文は驚くほど役に立った。たとえば，「条件を通じて」というフレーズを書くために，「条件（condition）」という単語を使っている例文を探したところ，次のような例文に出会うことができた。

---
① ...the median rates under each condition...（……各条件の反応率の中央値が……）

② In some conditions, ...（ある条件では，……）

③ ...there were no systematic differences between conditions（……条件間に系統的な差はなかった）

④ ...the proportion of ... remained roughly constant across conditions（……の比率は条件を通じてほぼ一定であった）

これらの例文を丹念に読んで参照すれば，大抵のことは英語で書くことができた。時には必要以上に多くの例文が見つかり，論文を書くことを忘れて「こんな使い方も出来るのか」としばらくの間感心してしまうこともあった。

この方法は，他のさまざまな単語についても非常に強力であった。たとえば，結果の節において，「有意な（significant）」，「差異（difference）」等の単語を使う場合や，考察の節において，「示唆する（suggest）」，「予測する（predict）」等の単語を使って議論を進める場合においてもとても役に立ったのである。その結果，最終的には2，3カ月かかったものの，なんとか第1稿らしきものを書き上げることができた。それまでに借り出した雑誌は数十冊を越え，例文の

検索に費やした時間は何百時間にも及んだと思う。だが，この方法を用いることにより，ネイティブの助けをまったく借りずに，誤りの少ない英文を書くことが出来たのである。この方法は，文法や単語の知識はあってもその運用方法がよくわからない場合にはとても有効であると思う。わたしは今でも時々このような「卓上例文検索法」に頼ることがある。

■ 3．親切な編集者と審査者

　前述の例文検索法により，思いがけず初めての英文論文を書き上げることが出来た。そこで，英文の得意な日本人の研究者にそれを読んでもらい，わかりにくそうな所を書き直した。そして，出来上がった原稿に簡単な手紙を添えていつも読んでいる雑誌に投稿した。

　2，3か月後に雑誌の名前が印刷された大きな郵便物が送られてきた。恐る恐る封を開けると，非常に親切で丁寧な英語の誤りの修正が手書きでびっしりと書き込まれている自分の原稿が見えた。それには編集者の手紙と審査者のコメントが添えられていた。それらの手紙とコメントを読んだときの感激は今でも昨日のことのようによく覚えている。なんて量が多いのだろう。なんと的を得た批判なのだろう。なんと広範囲にわたった議論なのだろう。なんと大胆でかつ詳細なコメントなのだろう。英語の直し方はなんとわかりやすいのだろう。数え上げるときりがない程の感激であった。

　通常であれば，大量の批判を与えられて落胆してもよいはずであった。だが，その時のコメントは「これらの議論になんとか精一杯ついていこう」と思わせるだけの力を持っていた。その後の経験から言っても，この時の編集者と審査者は，これまでやりとりした中でも最も親切であり，最も協力的であり，かつ，最も有能であったと思う。

　編集者と審査者とのやりとりはその後4回にもわたって行われた。それは長く厳しい過程であった。だが，それに参加している者は「このデータを出版しよう」という点で一致団結していた。こうなれば，あたかも大型クルーザーに見守られながら遠泳を行っているようなもので，原稿はどんどん改善されてゆく。こうして，この原稿は最初に投稿した雑誌で出版に漕ぎ着けることができた。

（高橋雅治）

コラム1

◇◇◇掲載拒否や不当な審査結果を受け取ったらどうしたらよいのだろうか？

　審査者と編集者といえどもただの人間にすぎない。そして，人間の中には，不親切であったり，不当であったり，あるいは，無神経であったりする人もいる。世間一般の人々と同様に，審査者と編集者の性格もまたさまざまである。

　論文の掲載拒否（'not accepted'）が不当に思える場合でも，不愉快な審査結果を注意深く読んで，書き直して別の雑誌に投稿するために役立ちそうなコメントを探し出すことを勧める。時には，コメントのほとんどは誤りであると考えて，指摘されたことは無視してそのまま別の雑誌に投稿してしまいたいと思うこともあるだろう。だが，掲載を単刀直入に拒否された場合でも，審査結果の中に何か役に立つ批判が含まれているものである。したがって，正当であると思える点を探し出して書き直す際の参考にするとよい。ただし，指摘された細かな問題点をすべて書き直す必要はない。というのも，次に投稿する雑誌では，別の審査者が別の問題点を指摘するかもしれないからである。

　編集者の裁定が「再投稿の奨め（resubmit with major revisions）」や「改変を前提とした受理（accepted pending revisions）」である場合には，審査者のコメントがどんなにやっかいなものであってもあなたの論文は出版される確率が高い。その際に忘れてならないことは，あなたの目的は，審査者と論争をすることではない，ということである。コメントがどんなに不親切であると思っても，決して怒りを表してはならない。審査者の重要な意見にどうしても同意できない場合には，再投稿に添える手紙でその理由を述べて，「誠に遺憾ながら審査者のご意見には同意できませんので，この点を書き直すことはできません（I must respectfully disagree with the reviewer, and so cannot change this point.）」と書けばよい。

　編集者は，専門的な知識に基づく質の高い審査を審査者に対して期待している。したがって，編集者の立場から見れば，褒め言葉しか書かれていないような短い審査結果は，審査者の怠慢を表しているようにしか見えない。このような背景があるため，審査者はどうしても問題点ばかりを強調しがちである。だが，著者の立場から見ればこれは好ましいことである。なぜならば，原稿の質を高めるという視点から見た場合，批判の多い審査結果は，称賛しか書かれていないような審査結果よりもはるかに価値が高いからである。最も重要なことは，初めての投稿で無神経で不親切な審査者や編集者に直面したからといって，「頭にきたので二度とやるまい」とは決して考えてはならないということである。

先の章でも述べたように，先週わたしたちの論文がたった2週間で掲載拒否された。このような状況に直面したときのフラストレーションの度合いは，ネイティブにとってもかなり大きい。ある心理学者（Dr. S. Harter）の言葉を借りれば，このような場合に研究者が最初に問うべき質問は，「自分にとっての焦眉の問題（burning question）は何か」ということである。この問題があなたの研究の基盤であり，この問題に対してあなたが出した解答は妥当で，信頼性があり，重要であると思われるなら，それに固執して別の雑誌に投稿することを勧める。しかし，あなたが心の中に焦眉の問題を持っていないなら，論文は多分出版されないだろう。

　わたしたちは，長い時間をかけて，雑誌の編集者の言うことを，注意深く，かつ，敬意を持って聞くことを学んできた。だが，受理の後にどうするかについては，初心にたちかえり，自分の心にこのことを問うことが最も大切である。

（D. シュワーブ & B. シュワーブ）

英語で論文を出版するために必要なもの

　前章で述べた体験談には，いくつかの重要なポイントが含まれていると思う。すなわち，英語で論文を出版するためには，①決してあきらめないための強力な動機づけ，②例文を参照するための英語力，および，③審査者に「論文を出版しよう」と感じさせること，の3つである。ここでは，それら3つの点について詳しく述べようと思う。

1．強力な動機

　医学や生物学系等の自然科学系の研究分野においては，英語論文を業績として評価することがすでに一般化している。そのため，それらの分野では英語で論文を書くための動機づけについて論じる必要性はほとんどないように思われる。

　だが，心理学関係の論文の場合には，動機づけの問題を避けて通ることはできない。何故ならば，日本の心理学においては一般的で明確な業績評価システムが確立されていないことが多いからである。もちろん，わたしは日本の業績評価方法の現状についての正確な知識を持っていないので，ここではこの問題について一般的な結論を下すことはできない。だが，業績の評価方法が研究機関や部門により大きく異なっていることは確かなようである。たとえば，ある研究所の心理学部門では，「審査制度のある国際誌に掲載された単著あるいは第一著者の英文論文」以外は業績としてほとんど意味をなさないという話を聞いたことがある（このシステムは医学や生物学系の研究分野においてもしばしば用いられている）。この方法は，業績を評価するために研究誌の審査制度を利用している。したがって，雑誌の編集者と審査者が一般の研究者から公平に選定され，かつ，審査過程についての情報が公開されている限りにおいては，「人民による研究評価システム」と呼んでもよいかもしれない。

　しかし，その一方で，審査制度のない大学の紀要や学会大会の発表抄録等も

業績として認めている機関も多く，中にはそれらの論文を一流の国際誌の論文と同等の業績として扱う所もあるようである。この方法においては，一部の権威者が研究の質を主観的に評価する。したがって，この方法は，「権威者による研究評価システム」と呼ぶことができよう。

　もちろん，審査制度のある雑誌であっても，常に公平な審査が行われているわけではなく，また，一流とされている雑誌であっても優れた研究ばかりが掲載されているとは限らない。一方，審査制度のない紀要であっても公平な評価を行っていることも多く，また，審査制度のある一流誌よりもはるかに優れた研究論文が掲載されていることもある。したがって，ここで，どちらの方法がより優れているかという問題を設定したとしても，それに対して明確な結論を下すことはむずかしい。

　ただし，これら2つの評価方法を民主政治と専制政治という2つの政治体制にたとえて考えれば，多少なりとも一般的な考察を行うことができるかもしれない。すなわち，「人民による評価システム」を利用するということは，（一部の審査者が不公平な評価を行うとしても）複数の研究者の平均的な判断を重要視するということを意味する。したがって，この方法は，民主政治にたとえて考えることができるかもしれない。一方，「権威者による評価システム」においては一部の権威者が質の判定を行う。したがって，この方法は専制政治に相当するといえるかもしれない。

　雑ぱくに言ってしまえば，民主政治においては多数決原理が支配するために意思決定を行うためにはかなりの時間と労力が必要とされ，しかも多数派に認められないような研究は無視される可能性が大きい。それに比べて，専制政治の場合には一部の支配層の判断によって素早い意思決定を行うことが可能であり，かつ，多数派には認められないような隠れた研究を見逃さずに評価することができるかもしれない。だが，専制政治と較べた場合，民主政治は決定的な利点を持っている。それは，支配層が誤った判断や独善的判断を下すことを未然に防ぐことができる，という利点である。言い換えれば，民主政治は最善の意思決定を行うことが出来なくても，権威者の誤った意思決定に従うという最悪の道だけは回避することができるのである。

　日本の心理学関係の機関のほとんどが前者の「人民による評価システム」を

採用しているならば，ここで動機づけの問題を議論する意味は消滅する。なぜならば，一流の雑誌に論文を発表することは，奨学金や就職等のさまざまな実益を大学院生にもたらすからである。一方，後者の「権威者による評価システム」が主流である場合には，動機づけの問題を避けて通ることはできない。なぜならば，実益がまったくない場合にもあきらめないだけの動機づけが無ければ英語による出版という困難な道を最後まで突き進むことはできないからである。

だが，英語による論文の出版にはそのような実益以外にもさまざまなメリットをもたらす。たとえば，研究成果を国際誌に掲載すれば，同じ問題に興味を持つ世界中の研究者と知己を得たり，それらの研究者から研究上の有益な批判を得たり，さらには，論文を目にした異分野の研究者とのやりとりを通して有益なヒントを数多く得ることができるのである。それらのメリットについては第2部第5章で詳しく説明しようと思う。

2．高校程度の英語力

英語で論文を書くにはかなりの英語力が必要であると考える大学院生は多い。だが，実際には，高校程度の英語力で十分である。なぜならば，研究論文では，読者にとってわかりやすく書くことが最も重要であり，凝った表現を駆使する機会は少ないからである。

ただし，原稿に基本的な誤りが数多く含まれていると，どんなに優れた内容であっても編集者や審査者の印象は悪くなる，ということを忘れてはならない。加えて，基礎的な文法から逸脱した英語は，研究内容自体の誤解を招いてしまう可能性も大きい。たとえば，基本的な文法事項の1つである冠詞（the, a, an）の使用方法を誤ると，伝えたいことが正確に伝わらないことが多い。わたし自身，冠詞の使い方にはいつも悩まされている。そこで，ここでは，特にむずかしいと思われる定冠詞の使い方について述べようと思う。

通常，定冠詞（the）は前に述べたものや既知のものにつけて「その，例の，問題の」という意味を表す。したがって，英語で論文を書く場合には，名詞を用いるごとにその単語がその基準に該当するかどうかを判断することになる。しかし，英語に不慣れな日本人にとって，そのような判断はかなりむずかしい。

定冠詞の使い方に関しては，それを単なる「前述・既知」の問題として捉えるのではなく，「文章をなめらかにつなぐ方法」というより一般的な視点に立って捉えれば，かなりうまく対処することができる。たとえば，次の例では，「被験者」という情報をうまく引き継ぎながら文章を次々につないでゆくために定冠詞を用いている。

> Twenty-six infants were trained in... The subjects were also trained in a six-phase self-control procedure...

このような考え方については「理科系のための英文作法—文章をなめらかにつなぐ四つの法則（杉原厚吉著，中公新書）」にくわしく解説されている。
　だが，前述でも既知でもない場合であっても定冠詞をつけることがある。すなわち，実際には述べられていなくても，前後の関係や状況から指すものが定まる場合である。そのような使い方は，経験を積んだ研究者にとってもかなりむずかしい。たとえば，次の文章は実験装置の説明である。

> The experimental chambers were cubical in design, ... There were three response keys on the front panel.

　ここで，front panel に the がつけられていることに注意されたい。panel という単語はここで初めて出現した。だが，その前の文章から，この panel がどの panel を指し示しているかは既知であると考えられる。そのために，ここでは the がつけられているのである。このように，初めて出現した単語に対して自信を持って the をつけるためには，文章と文章をつないでいる話の流れを明確に意識しながら書かなければならない。言ってみれば，文章の背景にある文脈（この場合は実験装置についての視覚的なイメージ）を読者と共有しながら文章と文章をつないでいかなければならないのである。
　さらに，論文においてよく用いられる専門用語に対する冠詞の使用については各研究分野に特有の慣習のようなもの（たとえば，固有名詞化した理論の名称に定冠詞を付ける等）がある。したがって，よく用いられる専門用語を原稿に書き込む場合には，先行論文をよく読んでその分野における慣習を十分に知っておく必要がある。

これらの点を踏まえながら書くためには，たった1つの文章を書くのに1時間近くかかることも覚悟しなければならない。だが，そのように長い時間をかけて書いたとしても，編集者や審査者から冠詞の誤りを指摘されることがある。いわゆる微妙なニュアンスの問題である。英語圏で研究に従事していない限り，そのような誤りを完全に回避することはほぼ不可能に近いと思う。また，ある審査者に指摘されて冠詞の誤りを直したのに，その後，直した部分を元のように書き直すように別の審査者から指示されたことがこれまでに何度かあった。つまり，冠詞の使用については，ネイティブの間でも意見が分かれることがあるのである。このような末梢的な問題を投稿前にあらかじめ解決しておくことに多大なる時間と労力を費やすよりは，文章全体の論旨を出来る限り正確でわかりやすくしておくことの方がはるかに重要である。

3．優れた研究成果

　論文の内容は著者の創造的行為の産物であり，創造的な行為に指針はない。だが，英語による出版の訓練という観点から考えれば，最初に英語で書く場合には以下の2点に注意した方がよい。

　まず第一に注意すべき点は，論文を書く前に書く内容を出来る限り決めておいた方がよいということである。哲学者のショーペンハウェルによれば，著者には，「考えずに書く者」，「書きながら考える者」，および，「執筆にとりかかる前に思索を終えている者」という3つのタイプがあるという（ショーペンハウェル著「著作と文体」，ショーペンハウェル著・斎藤忍随訳「読者について他2篇」岩波文庫に収録）。これらの中のどの書き方が適しているかは著者や状況によって異なるであろう。また，特定のタイプに当てはまるというよりは，それらの書き方を一定の割合で混合して用いた方がよりよい結果をもたらす場合も多いと思う。だが，英語による出版に初めて取り組む場合に限って言えば，執筆にとりかかる前に思索自体は出来る限り済ませておくことをすすめる。

　これにはいくつかの理由がある。まず，初心者が内容を検討しながら書く場合には，英作文が疎かになる可能性が大きい。逆に，書く内容がほとんど決まっていれば，正確でわかりやすい英語を書くことに集中することができる。また，論文を書く場合には，綿密に構成された説得力のある内容を構築すること

が最も重要である（これは日本語で書く場合にもあてはまる）。ところが，書きながら内容を検討する場合には，個々の議論のつながりに気をとられてしまいどうしても全体の構成がおろそかになりがちである。慣れてくれば，考えたことをそのまま英語で書くことが出来るようになるかもしれない（第1部においても述べられているように，最初から英語で書く日本人研究者は多い）。だが，そのような場合でも実際には書く内容が頭の中ですでに整理されているにちがいない。

　注意すべき第二の点は，初めて英語で投稿する場合には，できれば優れた研究成果を用意した方がよいということである。ここでいう「優れた研究成果」とは，有意差のある実験や調査の結果のことのみを意味しているのではない。それに加えて，「何故このような研究を行い，どんな結果が得られ，そして，それに基づいてどのようなことが言えるのか」という説得力のあるストーリーを用意することのできるような研究でなければならない。これまでの経験から言って，研究成果が優れていれば，編集者と審査者は非常に好意的な立場に立って出版を手伝ってくれる可能性が高くなる。こうなれば，論文は，たくさんの人たちの手を借りながら次々に改善されてゆく。いってみれば，「成果駆動型出版（outcome-driven publishing）」である。これは初心者が英語による出版の過程を勉強する上でとてもよい経験になる。

　だが，研究者はいつもそのような研究ばかりを行っているわけではない。実際，研究成果に多少の問題が含まれていたとしても，それを世界中の研究者が読める形に残しておきたいと思うことは誰にもあろう。研究成果にいくつかの重大な問題点が含まれている場合には，編集者と審査者が全員掲載を拒否するか，あるいは，審査者の意見が分かれて編集者の裁定に持ち込まれることになる。その場合には，説得力のある反論の手紙を書いたり，編集者を納得させるだけの見事な原稿の書き換えを行ったりしなければならない。初心者がこのような勝算の薄い絶望的な論争に巻き込まれることは，出来れば避けた方がよい。もちろん，困難な経験はよい勉強になる。だが，自分の研究を否定する意見を長い間大量に聞かされる場面は，学習心理学において学習性絶望状態（learned helplessness）を形成する手続きと構造的に類似しており，投稿者のその後の行動を大きく変えてしまう可能性が大きい。

（高橋雅治）

コラム2 ◇◇◇優れていない研究を投稿してもよいのだろうか？

　ほとんどの研究者は,「自分は質重視主義である」と言う。そして, 実際には量重視主義である研究者のほとんどは,「自分は量と質の両方を重視している」と言う。だが, 私たちは, 自分では優れた研究であるとは思えないような研究であっても投稿することを推奨する。他の研究者の意見は投稿すべきかについての判断の助けになる。だが, 最終的には審査者に判定をゆだねればよい。

　もしかしたら, あなたの投稿は, 心理学という学問分野に対する貢献としてはまったく価値がないかもしれない。もしそうだとすれば, 投稿は審査者と編集者の貴重な時間を浪費するだけで終わってしまう。だが, すでに出版されている研究の内容が（たとえそれが「最高の」雑誌に掲載されたものであっても）実際には優れていなかったり, あまり価値がなかったりすることはよくあることである。時には, 方法が優れているから, 統計的分析が複雑であるから, あるいは, 著者がその研究は重要であるという間違った説得に成功したから, というだけで, 論文が出版されてしまうこともある。優れた研究しか心理学に寄与しないというのはエリート主義者の考えにすぎない。平凡な研究データが数多く累積することは, 新天地を開拓するような少数の研究と同じくらい科学を進歩させる。

　第5章においても述べられるように, 英語で出版するには数多くの理由があり,「研究結果が優れていること」が唯一の理由ではない。また, 投稿するという行為は, 書く能力を進歩させるためのとてもよい機会をあなたに与えてくれる。さらに, 研究が並の重要度しかもたない場合, おそらくそれは並のレベルの雑誌に掲載されるであろう。したがって, 重要度について著者が思い悩む必要はないのである。あなたが「優れているとは思えない原稿」を欧米の雑誌に投稿したとしても, それによって日本の心理学の名声に傷がつくことはない。日本の心理学者が西洋の心理学者よりも概して謙虚であるとすれば（このことはしばしば真であると思う）, 日本人の方がより自己批判的であるがために（たとえ同じレベルの研究であっても）投稿する自信を持つことができないだけかもしれない。もしそうであれば, たとえ研究のレベルは同じであっても出版される英語論文数は米国の方が多くなる。そしてこのことが, 米国の研究レベルの方が高いのではないかという偏見をもたらすかもしれないのである。投稿すべきかどうかについて悩んでいる時の私たちのアドバイスは大抵「投稿しましょう！」である。再び, 自分に問うてほしい。自分の焦眉の問題は何だろう。自分はそれに対する答えを見つけたのだろうか。そして, その答えは, 他人に伝えるほどの価値を持っているのだろうか。

（D. シュワーブ & B. シュワーブ）

第2部
3 実際にどうやって英語で書くか：徹底的例文参照法のすすめ

　前章で述べた3つの事柄が用意できたら，あとは研究の内容をわかりやすい英語で書けばよい。そこで，本章では，ネイティブがわかりやすいと感じるような英語を書くためのとっておきの方法を紹介しようと思う。それは，どんなに簡単な文章であっても常に例文を参照しながら書くという「徹底的例文参照法」である。この方法を用いることにより，ネイティブの力を借りなくても，何とか受理に漕ぎ着けることができるような英語原稿を書くことができる。

■ 1．例文の多い辞典を利用する

　例文を参照しながら書くためには，単語の使用例が数多く掲載されている英英辞典を用いる必要がある。そのような辞典の効用を以下の例で示そうと思う。
　ここでは，例として，

> 「明確な並列迷信行動（concurrent superstitions）を示した13人の参加者のデータは除外された」

という文章を書く場合を考えてみよう。
　まず最初に，英単語を選ぶことにする。この文章を構成する「並列迷信行動」，「参加者」，および，「データ」という単語はいわば心理学の専門用語であり，それぞれconcurrent superstitions, participant, dataという英訳が自動的に決まる。したがって，以下では，残りの単語を決定する過程について考察する。
　まず，「除外する」という単語を和英辞典で引くことにする（次章においても述べるように，わたしはコンピュータ上で用いる電子辞書を用いて英単語を探し出すことにしているが，用例の多い辞典であればどのような和英辞典であっても問題はない）。その結果，excludeやpreclude等の単語を見つけることができる。これらの中では，excludeが論文英語として最も一般的であるように思われる。そこで，今度はexcludeという単語を用いた例文を探してみるこ

とにする。わたしは，通常，ロングマン現代英英辞典（Longman Dictionary of Contemporary English：LDCE）やコリンズ・コウビルド・アドバンスト・ディクショナリー（Collins Cobuild Advanced Dictionary：CCAD）を用いている。これらの辞典はまさに例文を参照するための辞典であり，実に多くの例文が掲載されている。まず，LDCE には次のような例文が掲載されている。

> Some of the data was specifically excluded from the report.

この文章で用いられている data という名詞は，複数扱いとされることが多い。したがって，後に続く動詞としては，was よりも were の方が適切であろう。それはさておき，ここでは，be excluded from……という表現を借用することにする。

また，「13人の参加者のデータ」という表現としては，同じく CCAD に data from 2,100 women という表現が載っているので，

> The data from 13 participants

が適当であると考えてもよいであろう。さらに，CCAD には data は単数でも複数でもよいと書かれている。その結果，次のような文章が出来上がる。

> The data from 13 additional participants were excluded.

次に，「明確な並列迷信行動（concurrent superstitions）を示した」という部分は，データを除外した「理由」なので，because を使って，次のような文章を作ってみる。

> The data from 13 additional participants were excluded because they showed clear concurrent superstitions.

だが，「明確な」という単語は，ここでは「誰が見ても明らかな」という意味なので，別の単語の方がよいようにも思える。そこで，前述の LDCE の中のアクティベータを用いて clear and easy to see という単語を引くと，ニュアンスの異なるさまざまな類義語を見つけだすことができる。ここでは，それらの中でから「他のものから違うことが明らかな」という意味の distinct を用いることにする。その結果，最終的な英文は次のようになる。

> The data from 13 additional participants were excluded because they showed distinct concurrent superstitions.

　出来ることなら，論文で用いる有意味語についてはすべてここで述べたような詳細な検討を加えるとよい。そのためには1つの文章を書くのにかなり長い時間を要する。だが，このように微妙なニュアンスの隅々までコントロールすることができて初めて著書は自分の作品に責任を持つことができる。

2．英語表現を集めた参考書を利用する

　経験を積めば，論文に特有のフレーズが数多く身に付く。たとえば，序文では「これまでにこのような研究が行われている」というような話の切り出し方が一般的である。その場合には，以下のような英語表現がよく用いられる。

> Numerous attempts have been made to demonstrate...
> Previous studies with adult humans have shown that...
> Results from several recent studies suggest that...

　同様にして，「目的を表す場合」，「理由を示す場合」，「分類する場合」，「例外を示す場合」，「推測する場合」，「結論を述べる場合」等にも，定型的な表現が用いられる。実は，これらのフレーズを効率よくまとめた数多くの本がすでに出版されている。わたしは次の本をよく用いる。

　　　　「英語論文によく使う表現」（崎村耕二著，創元社）
　　　　「英語論文に使う表現文例集」（迫村純男・James Raeside 著，ナツメ社）
　　　　「科学技術英語表現辞典」（富井篤編，オーム社）
　　　　「英語論文基礎表現717」（安原和也，三修社）

　「英語論文によく使う表現」は人文・社会科学系の論文で使われる英語表現を61項目に分けてまとめたものであり，社会科学系の論文を書く場合には特に有用である。同じく，「英語論文に使う表現文例集」や「英語論文基礎表現717」もまた論文執筆において役立つフレーズを見やすい形に整理した本である。それに加えて，これらの本では実際の使用例も掲載されており，例文を参照する

参考書として用いることもできる。

　一方,「科学技術英語表現辞典」は例文を参照するというまさに本稿と同じ立場に立って編纂された辞典であり,例文量も最多である。また,この本には,論文執筆において役立つ表現のみならず,図示,比較,比,分類,変化等の科学英語全般にわたるさまざまな英語表現が有用な例文とともに掲載されている。特に,「条件」,「場所」,「色」,「証明」等の項目に掲載されている例文は実験心理系の研究者にとってもきわめて有用である。したがって,4冊の中ではこれが最もおすすめである。

■ 3．コンピュータを活用する

　わたしが初めて英語論文を書いた1980年代前半の頃は,あちこちの研究室でパソコンをちらほら見かけるようにはなってきていたものの,個人的に所有している大学院生はほとんどいなかった。そのため,その時の原稿はすべて手動のタイプライターを使って書いた。

　タイプライターを使っての執筆には大変な労力を要した。たとえば,タイプした後で段落の途中に新しい文章を挿入したくなった場合には,そのページ全体を打ち直すか,あるいは,その段落の各行を,きしめんのように細く切り離して,それらを糊で切り貼りして新しい段落を作り直さなければならなかった。時には,片手に細長く切った文章を何十本も持って,何ページにもわたって行送りをしたこともあった。

　また,執筆に必要な辞書類の重量は相当なもので,英英辞典を数冊並べるだけで,10 kg以上になった。加えて,全20巻からなる紙版のオックスフォード英語辞典（Oxford English Dictionary：OED）は全冊で数十 kgの重さがあり,学内を台車で持ち運んでいた。

　これらの経験から,論文執筆にはコンピュータを徹底的に活用するべきであると思うようになり,院生の頃から,パソコン上に自分なりの論文執筆支援システムを構築することに力を注いできた。当時,そのようなシステムを構築するには,かなりの時間と労力と費用が必要であった。だが,現在では,当時と同程度以上のシステムをいとも簡単に構築することができるようになった。以下では,執筆支援システムをパソコン上に構築するためのヒントを紹介する。

■ 4．先行論文を管理する

　論文執筆においては，先行研究の内容を何度も参照しながら書くことになる。そのためには，先行研究のファイルを効率よく管理しなければならない。

　1990年代ごろまでは，先行論文を紙ベースで入手することが多かった。そのため，当時は，それらをスキャナで読み込んで，さまざまな記録媒体に入れて持ち歩いていた。読み込みは手間のかかる作業であった。だが，出先で先行論文を参照できることは，論文執筆においてはもちろん，学会等における討論でも大変役に立った。

　現在では，先行論文を最初からpdfファイルの形式で入手することが多くなってきたので，先行論文の管理や持ち運びはかなり楽になった。しかし，今でも，先行論文を紙ベースでしか入手できないことがある。たとえば，図書館経由で論文コピーを入手する場合などである。そのような場合にそなえて，印刷物をセットすると自動的に読み込んでpdfファイルに変換する専用のドキュメント・スキャナを用意しておこう。これにより，先行論文の全ファイルをpdf形式で一括して管理することが可能になり，管理の効率は大幅に改善される。また，作成したファイルを保存する際は，「著者名（発表年）」か，「論文題目」をファイル名とすると，後で検索しやすくなる。自分の場合は，これらの方法で，研究に関係する数百の先行論文をすべてpdfファイルの形でUSBメモリに入れて常に持ち歩いている。

　さらに，論文の執筆では，引用文献についての情報を正確に管理することが不可欠であり，本文において引用した文献のリストを指定された書式に従って正確に作成しなければならない。これに要する労力は，読者として文献リストを利用している時には想像もつかないくらい大変なものである。時には，文献リストの作成とチェックに丸一日以上かかってしまうこともあるくらいである。だが，この作業をすべて代行してくれるソフトウェアがある。つまり，あらかじめ文献のデータベースを作成しておけば，あとは論文作成中に文献を引用するだけで自動的に文献リストが作成されるのである。このようなソフトウェアとしては，EndNote（トムソンロイター社，Mac用・Windows用），GetARef（バーシティウェーブ社，Windows用）等がある。

5．電子辞書を使おう

　コンピュータを用いた執筆のもう 1 つの利点は，電子辞書の同時検索を利用できることである。たとえば，ハードディスク上に保存して使用する電子辞書は，紙の辞書を引くよりもはるかに速く検索することができる。紙の辞書の場合は単語を見つけだすのにとても手間がかかるため，ついつい引かずに済ましてしまいがちである。一方，電子辞書の場合には，検索があまりに簡単なので引かなくてもよい単語まで引いてしまうくらいである。

　また，最近では，たくさんの例文が掲載されている辞書が電子媒体で市販されるようになってきている。それらの辞書をうまく使えば論文執筆の効率を大幅に向上させることができる。さらに，複数の辞書の同時検索には，Jamming, Logophile, DDWIN 等のフリーウェアやシェアウェアが便利である。これにより，ワープロで原稿を書きなが数多くの電子辞書を同時に使用することが可能となる。

　わたしは，以下の電子辞書を常用している。

　　　「岩波国語辞典」（定番の国語辞典）

　　　「広辞苑（岩波書店）」（定番の国語辞典）

　　　「研究社　新英和・新和英中辞典」（定番の英語辞典）

　　　「リーダーズ＋プラス（研究社）」（リーダーズ英英辞典とリーダーズプラス）

　　　「研究社新和英大辞典」（日本語用例の豊富な和英辞典）

　　　「New 斉藤和英大辞典」（歴史・文化・風俗の和英辞典）

　　　「新編英和活用大辞典（研究社）」（38万の例文が収録されている活用辞典）

　　　「E-DIC」（専門英語をカバーする例文を含む）

　　　「医学英語慣用表現集」（医学関係の例文を含む）

　　　「ステッドマン医学大辞典」（医学関係の英和・和英辞典）

　　　「心理学辞典（有斐閣）」（心理学辞典）

　　　「南山堂医学大辞典」（医学辞典）

　　　「理化学事典」（理化学事典）

　　　「岩波生物学辞典」（生物学辞典）

「経済学辞典」(経済学の基礎を解説)
「Longman Dictionary of Contemporary English (Longman Language Activator を含む)」(多くの例文や類義語を含む英英辞典)
「Collins COBUILD Advanced Learners' English Dictionary」(検索が少し重いが,例文の多い英英辞典)
「Oxford English Dictionary」(英英辞典の最高峰)

これらの辞書の販売形態はさまざまであり,DVD や CD-ROM 版として市販されているものや,紙版の辞書に添付されているものもある。また,版を重ねるにつれて,対応する OS や検索法などがさまざまに変化していく。そのため,これらの電子辞書を長い間使い続けるためには,それらの変化への対応を怠らない努力が必要である。

これらの電子辞書は,ほとんどの場合,データファイルをハードディスクに保存するだけですぐに同時検索ソフトウェアによる検索が可能になる。だが,中には,同時検索ソフトウェアで読み取るために様々なフリーウェアを用いてやっかいなファイル変換を行わなければならないものもある(辞書の導入方法やファイル形式の変換方法等についての情報はネット上に数多く掲載されている)。さらに,辞書によっては,同時検索ソフトウェアではどうやっても検索できず,ブラウザや専用の検索ソフトウェアでしか検索できないものもある。そのような場合,システムの管理と維持にさらなる手間がかかることになる。

しかし,これらの努力は決して無駄にはならない。複数の辞書を同時に使用することの便利さは,言葉で説明することができないくらい大きなものである。そのような便利さの一端を以下に示す。

たとえば,論文を書いている途中で「刺激を見分けること」と書きたくなったとしよう。そこで,まず「刺激」と「見分けること」を新和英中辞典等で検索する。その結果「刺激」については以下のような単語を得ることができる。

a spur; an incentive; a stimulus; an impetus; an impulse

これらの中では,stimulus という単語が心理学の文脈では最も適切であろう。そこで,Oxford English Dictionary (OED) を用いて stimulus という単語の使用例を調べてみる。いくつかの説明項目中に心理学用語という項目があり,そ

こにはいくつかの例文が載っている。その一部を以下に示す。

> ①**1957 E. R. Hilgard** *Introd. Psychol.* (ed. 2) 596/1 *Stimulus*, some specific physical energy impinging on a receptor sensitive to that kind of energy... Any objectively describable situation or event... that is the occasion for an organism's response.
> ②**1980 E. L. Deci** in E. Staub *Personality* ii. 43 People do not respond to objective external stimuli; they respond to stimuli *as they perceive them*.

　これらの例文を丹念に読めば，stimulus という単語が自分の議論にとって適切な意味とニュアンスを持っているかどうかについての正確な判断を下すことが出来よう（なお，OED のスペルが正しいとは限らないため，後で必ずスペルチェックを行った方がよい）。
　一方，「見分けること」という単語を探すために「見分ける」を和英辞典で検索する。その結果，次のような単語を得ることができる。

> distinguish; know; tell; tell apart; discriminate

　これらの中では，心理学の専門用語である discriminate（弁別する）が最も適切であるように思われる。そこで，英和辞典，OED，および，新編英和活用大辞典を用いて discriminate と discrimination という単語の例文を検索する。その結果得られる数多くの例文を丹念に検討することによって，discriminate という単語は discriminate A from B や discriminate between A and B という形で使えばよいこと，および，discrimination という単語は obtain discrimination, discrimination experiment, discrimination theories, discrimination situation, discrimination apparatus 等の形で使えばよいことがわかる。
　このような複数の辞書を用いた詳細な検討によって「刺激を見分けること」と書くためには，

> discrimination between stimuli

という表現を用いても問題はないという結論に達することが出来る。紙の辞典は重くてかさばるので，このような簡単なフレーズのために複数の辞典を繰り

返して引くことは面倒に感じる。だが，電子辞書の場合には，辞書を本棚から引っぱり出す必要はなく，検索も速い。しかも，大きなディスプレイを使えば，複数の検索結果を同時に提示しておくこともできる。これらの点で電子辞書は紙の辞書よりもはるかに使い勝手がよい。

■ 6．ノン・ネイティブのための決定版：電子的例文検索システム

日常生活においてよく使う単語であれば，市販の辞書に数多くの有用な例文が掲載されている。だが，ある特定の研究領域においてのみ用いられる特殊な専門用語の場合には，どの辞書にも役に立つ例文が収録されていない可能性が高い。

たとえば，学習心理学関係の論文では「強化（reinforcement）」という用語がしばしば用いられる。reinforcement という単語の本来の意味は，「補強」「援兵」「補給」等である。だが，心理学の専門用語としては「報酬を与えること」というような意味である。だが，そのような意味で reinforcement という単語を用いた例文を収録している辞書はほとんどない。

第2部の第1章においても述べたように，そのような専門用語の用例を参照するためには，自分が書いている研究話題についての先行論文の中から例文を丹念に探すという「卓上例文検索法」を用いればよい。この方法は，コンピュータ上の特殊なシステムを必要としないため，誰でも簡単に利用することができるという利点を持っている。

以下では，わたしが効率的な例文検索のために使っている「電子的例文検索システム」を紹介する。その構築方法は以下の通りである。まず，有用な例文が数多く含まれている先行論文を集める。どのような論文をどれくらい集めるかによって，後の検索の効率は大きく異なる。できれば，自分が書いている論文において何回も引用されるような論文，言い換えれば，行っている研究の内容やデータの処理法が類似している論文を集めるとよいであろう。ここで注意すべきことは，たとえネイティブであっても英語で書くことがあまり上手ではない研究者も多いということである（これはネイティブの書いた論文を審査する立場になればすぐに気がつく）。それゆえ，出来れば日頃から優れた英語を書くことで有名な研究者の論文を集めておくとよい。

そのような論文を10〜20編程度用意できたら，次にそれらをコンピュータに読み込ませる。先行論文が電子的なメディアより供給されているならば，そのままで使える。先行論文を紙ベースで入手した場合には，先に述べたように，ドキュメント・スキャナ等の光学的文字認識装置（Optical Character Recognizer：OCR）を用いてpdfファイルとして保存しておくとよい。

　次に，アドビ・アクロバットのプロ版を用意する。残念ながら，このソフトウェアは有料である。しかし，このソフトウェアには，画像データから作成したpdfファイルをテキスト・ファイル形式に変換するOCR機能が備わっている。そのため，図書館経由で入手した紙版の別刷をドキュメント・スキャナによりpdf形式で読み込んだ後で，簡単なコマンドにより，テキスト・ファイルの形式に変換することができるのである。また，心理学関係の雑誌から1980年代に出版された論文の電子版をpdfファイルで入手したところ，すべてが画像データであり検索ができないことがあった。そのような場合にも，アクロバットプロを使えばテキスト形式のpdfファイルに変換することができるのである。

　以上の方法で取り込んだ先行研究のテキスト・ファイルを検索ソフトウェアにより検索すれば，専門用語を用いた例文をきわめて効率よく検索することができる。20年前は，先行論文をテキスト・ファイルの形式で保存して，検索専用のソフトウェアにより，例文を検索していたため，このようなシステムの構築にはかなりの労力を要した。しかし，現在では，フリーソフトウェアである「アドビリーダー」の検索コマンドで複数のpdfファイルの串刺し検索ができる（単一の文献内で単語を検索するための簡易検索コマンドではないことに注意されたい）。このコマンドは，検索すべきファイルが保存されているフォルダをあらかじめ指定してから，そのフォルダの中のpdfファイルをすべて読み込んで，指定した単語が含まれている例文を次々に画面に表示してくれる。そのため，これから使用する専門用語の的確な使用例を何十，あるいは，何百も参照しながら論文を執筆することが可能になるのである。

　試しに，このシステムを使って，わたしのコンピュータに保存してある先行論文のファイルの中から，「強化（reinforcement）」という単語を検索してみよう。その結果得られた例文の一部を以下に示す。

> ...time since reinforcement apparently serves a discriminative function...
> ...in the early part of the interval between reinforcements...
> ...frequency of reinforcement...

　これらの例文を丹念に参照すれば，reinforcementという専門用語を用いた誤りのない英文を書くことができる。ただし，当然のことではあるが，剽窃にならないよう常に細心の注意を払う必要がある。

　このシステムを使うようになってからは，英語が原因で掲載を拒否されることは少なくなった。そのため，今では投稿前にネイティブに見てもらうことをすっかりやめてしまった。もちろん，編集者や審査者から「英語に多少問題あり」というような指摘をされることは多い。だが，自分の研究分野において用いられる専門用語の適切な使用方法を正確に理解しているネイティブを探す手間を考えれば，このシステムの方がはるかに実用的である。また，投稿前に突然気が変わって内容の一部を書き直したり，投稿後に編集者から書き直しを繰り返して要求されることもある。その都度ネイティブに英語のチェックを頼むのはあまりに申し訳ない。そのような時，このシステムはとても頼もしい味方となってくれる。

　加えて，このシステムはきわめて汎用性が高い。たとえば，海外から送られてきた電子メールを特定のフォルダに保存しておけば，電子メールを書く場合にも同じような例文検索を行うことができる。あるいは，後に述べるように，このシステムをポケットに入るような携帯情報端末に移植しておけば，国際学会の会場で英語の質問文を必死に考えているような場面においても専門用語の使い方を検索することが出来る。いってみれば，心理学の専門知識を持ったネイティブをいつも連れて移動しているようなものである。

　だが，問題もある。まず，先行論文を，pdfファイルの形式で集める作業はかなり長い時間を要する。したがって，連続読み込みに対応したドキュメント・スキャナ等は必須であろう。また，このシステムは話題の異なる論文を書く場合には急に無力となる。つまり，集めた先行論文と執筆している論文の内容が類似していない場合には，例文をまったく発見できないケースが多くなるのである。したがって，話題の異なる論文を書く場合には，先行論文を新たに

集めなおさなければならない。

　だが，このシステムは論文を執筆する上できわめて有用なので，それを構築するために支払う多大なるコストは，論文を書くコストの急激な低減という形で何十倍にもなって戻ってくる。さらにここで強調しておきたいことは，このシステムにより英語表現についての学習が大幅に促進されるということである。これまでの経験から言って，このシステムを使えば使うほどこのシステムが不要となる。つまり，同じ表現を何十回も検索しているうちに，その表現が自然に身に付くのである。ここまでくれば，どんなに英語が苦手な人間であっても，自分の研究内容くらいは的確な英語で表現することができるようになる。実際，このシステムを徹底的に活用して執筆し，その後1か月以上も推敲を重ねた原稿を投稿したところ，ネイティブチェックを行わなかったにもかかわらずレフリーから英語を誉められて驚いたことがあった。この方法は，初めて論文を執筆する若き研究者の方々に，まさにお薦めである。

（高橋雅治）

コラム3 ◇◇◇コンピュータが苦手なときはどうしたらよいか？

現在は，オンラインによる投稿が一般化しており，コンピュータのスキルは世界的な標準となっている。最近では，論文執筆経験の少ない学部の学生でさえAPAスタイルの基本的な要因（適切なマージン，正しいヘッディング，12ポイントのフォント等）をクリアした論文を提出するので，これら3つの基準を満たしていない原稿を投稿した場合，審査者はかなり悪い印象を持つ。したがって，コンピュータが苦手でも一向にかまわないが，上記の3つの基準は満たしていなければならない。

あなたがコンピュータにあまり詳しくない場合は，この章で紹介されているすべての方法に取り組む必要はない。まずは，出来ることから少しずつ始めてみよう。たとえば，第2部の第1章においても述べられているように，コンピュータを使わずに，よい論文を読みながら役に立つ表現を自分で探し出すこともできる。これはOCRの有効な利用よりも時間がかかるかもしれないが，こちらの方が向いている研究者も多いと思う。

役に立つ技法やテクノロジーは何でも使った方がよいし，将来コンピュータを高度なレベルで使いこなすように迫られる機会も次第に増えるであろう。だが，良いテクノロジーを使うことは良い執筆や良い研究を生み出すことと等価ではない。では，どうして良いソフトウェアが良い原稿を生み出さないのであろうか。それはどんなソフトウェアであっても，研究上の問題，研究の方法，あるいは研究結果の分析と解釈の方略の選定にはまったく役に立たないからである。

この章で論じられている手法を使えば，適切な単語を選び出して，文法的に正しいネイティブ・レベルの明瞭な英文を書くことができる。だが，文章や段階や節をつなぎ合わせたり，原稿を書き直したり，あるいは，他の研究者の意見を利用する場合には何の役にも立たない。これらの重要な技能は，経験と努力によってのみ進歩するのである。W. Gabrenya氏の言によれば，テクノロジーの進歩は研究や出版論文の質に対して，良い効果と悪い効果の両方を潜在的に持っているにすぎない。テクノロジーは研究や著述を便利にする。だが，研究や著述の質の改善は，あくまであなた自身の努力にかかっている。

(D. シュワーブ & B. シュワーブ)

4 書き直し

前章で述べたさまざまな方法に従って何とか第一稿を書き上げたら，あとはその質を投稿できるレベルまで高めればよい。すなわち，原稿を繰り返して書き直すことにより，議論の内容についての問題や，英語表現についての問題をできる限り取り除くのである。この章では，そのような書き直しを効率的に行うためのヒントについて述べようと思う。

■ 1．自分1人でどこまでできるか

原稿を書き上げたら，すぐに誰かにチェックしてもらおうなどとは考えずに，まずは自分1人の力で出来る限り完全なものに近づけることを考えよう。そのためには，出来上がった原稿を丹念に繰り返して読んで，内容と英語表現の問題を1つひとつ取り除いていかなければならない。これまでの経験から言って，初めて英語で投稿する場合には，最低でも20回以上は書き直さなければならないと思う。つまり，議論の内容に関する論理的な問題点を探したり，三単現のs，時制の一致，前置詞等の誤りを探したりしながら，原稿を20回以上チェックするのである。20回というと非常に多いように思われるかもしれない。実際，第1部で紹介された書き直しもせいぜい数回程度のものであった。だが，20回目の書き直しにおいても，やはり修正すべき点をいくつも発見して驚くことが何度もある。このことは，十数回以上書き直した後もまだ修正すべき点が残っている可能性が大きいことを意味している。したがって，少なくとも英語を母国語としない研究者が初めて投稿を試みる場合に限っていえば，数回書き直しただけで誰かにチェックを頼んだり投稿したりしてはならないといえよう。

同じ原稿を何度も書き直すのは大変根気のいる作業である。これをやり遂げるためには，その作業自体をルーチンワークにしてしまえばよい。たとえば，ワープロを使って原稿を書き上げたら，それを紙に印刷して赤ペンで書き直す。そして，次の日にそれらの修正をコンピュータに入力し，さらにそれを印刷し

て赤ペンで直す。このようにして1日に1度書き直せば，第1稿を仕上げてから20日間で書き直しは自動的に終了する。

だが，ここで問題となるのは，同じ文章を何回も書き直しているうちに論文全体が頭に入ってしまい，その結果，一度行ったチェックを無意識に省略するようになってしまうことである。つまり，単語を1つひとつ確認せずに読み飛ばしたり，あるいは，段落の最初の部分を読んだだけで以下の部分に書かれていることが頭に浮かんでしまい，残りの部分をついついとばして読んでしまったりするのである。このような無意識の「読み飛ばし」が始まると，問題点を発見する効率は急激に低下する。

そこで，以下では，そのような読み飛ばしを最小限に押さえて有効な書き直しを長い間持続するためのヒントについて述べようと思う。

まず原稿の外観を換えてみよう。たとえば，原稿を印刷する際に原稿のサイズを非常に小さくしたり，見慣れないフォントを使ったり，あるいは，2段組みを使ったりするのである。これまでの経験からいえば，書式を変えるだけで修正部分を発見する割合は大幅に向上する（ただし投稿時には12ポイントの Times New Roman に戻すことを忘れてはならない）。

出来る限りの書式変更をやり尽くしたら，今度は印刷する紙の質や色を変えてみるとよい。それでもダメなら，コンピュータを変えることにより画面表示や印刷の書式をさらに変えることもできる。

また，書き直しを行う場所を変えるだけでも，誤り発見の効率は高くなるようである。毎日同じ机の上で同じ原稿を何十回も読むのはかなり根気のいる作業である。だが，原稿に向き合う場所を変えると気分も大きく変わり，心理的負荷も小さくなる。たとえば，小さく印刷した原稿を持ち歩いて通学・通勤途中に書き直すようにすれば書き直しに飽きることも少なくなる。

わたしは，これをさらに一歩進めて，ポケットに入る程度の大きさの携帯情報端末に原稿のテキスト・ファイルを入れておき，通勤の途中に原稿を書くシステムを構築し愛用している。すなわち，携帯用の小型コンピュータ（最初はHP200LXであったと思う）に論文原稿のファイルを転送し，簡易エディタと英和・和英辞典を使って原稿を書くのである。それらに加えて，テキスト検索のためのフリーウェアも用意すれば，第3章で紹介した「電子的例文検索シス

テム」のミニチュア版を構築することもできる。つまり，先行論文の参照という手法のメリットをいろいろな場所で享受することが可能になるのである。携帯用のコンピュータの処理能力はあまり高くないので例文の検索は非常に低速であり，時には，1回の検索に2，3分間かかることもある。その場合には，通勤電車の車窓から見える季節の移り変わりに目をやりながらのんびりと取り組めばよい。この「通勤快筆」によりわたしはすでに2篇の英語論文を出版した。

■ 2．ネイティブ・チェックのむずかしさ

　ネイティブの書いた例文を参照しながら1つひとつの文章を細心の注意を払って構成し，かつ，出来上がった原稿を20回以上見直したとしても，英語の誤りを完全に取り除くことはかなりむずかしい。したがって，特に初めて英語で投稿する場合には，最終稿を必ずネイティブにチェックしてもらった方がよい。だが，初めてチェックを頼む場合には，ネイティブとの意思疎通がうまくできず，結局は効率的なチェックを受けることができないまま終わってしまうことが多いようである。そこで，ここではネイティブに初めてチェックを頼む際に注意すべき点について述べようと思う。

　まず，ネイティブにチェックを頼む場合には，何をチェックして欲しいかを明確にしておかなければならない。一口に「論文のチェック」といっても，①英語の誤りだけをチェックして欲しいのか，②議論の適切さ（わかりやすさ，文章や段落のつながりの適切さ等）もチェックして欲しいのか，あるいは，③具体的な研究の内容まで立ち入ってチェックして欲しいのか等，さまざまなケースが考えられる。チェックの具体的な目的を相手にはっきりと伝えなければ，論文を改善するせっかくの好機を無駄にしてしまうであろう。

　最初に，①英語の誤りだけをチェックしてもらいたい場合について考察する。この場合には，心理学以外の分野の研究者であっても心理学論文の英語をチェックすることができるかもしれない。だが，その場合には次の3つの点に注意しなければならない。

　まず，心理学の専門用語の使用方法については正しい英語に直してもらえない可能性が大きい。このことを理解するためには，日本人の心理学者が生物学

や物理学等の分野の日本語論文をチェックする場面を考えてみるとよい。つまり，心理学者は通常の日本語の誤りを直すことは出来るかもしれないが，それまでに見たことも聞いたこともないような生物学や物理学の専門用語が正しく用いられているかどうかまではチェックすることができないであろう。

　また，先にも述べたように，英語の誤りをあらかじめ十分に推敲してからでないと，あまりに修正事項が多すぎて結局は空振りに終わってしまうかもしれない。たとえば，1つの文章に3つも4つも英語の誤りが含まれている場合には，それらを修正した後でもう一度チェックをお願いすることになってしまう。このようなやりとりを繰り返すと，チェックする方の意欲が次第に低下してしまう。

　さらに，ネイティブに議論の適切さや研究の内容までチェックしてもらわない場合には，ネイティブに英語をチェックしてもらう前に（決して英語チェックの後であってはならない），議論や研究の内容を理解することの出来る日本人の研究仲間にチェックしてもらう必要がある。英語の誤りを完全に取り除いた原稿であっても，議論の方法や研究の内容に問題があれば必ずもう一度書き直すことになり，結局はネイティブによる英語のチェックが徒労に終わってしまう。

　一方，②英語のみならず議論の適切さまでチェックしてもらいたい場合には，心理学関係か，あるいは，少なくとも方法論が類似している社会科学関係の研究者であるネイティブを見つけださなければならない。だが，この場合もチェックを頼めるのは英語の誤りと議論の適切さについてのみであり，やはり事前に日本人の研究仲間に研究内容の適切さをチェックしてもらう必要がある。

　さらに，③結果の解釈や考察の妥当性等のような具体的な内容までネイティブにチェックしてもらいたい場合には，同じ研究話題に取り組んだ経験のある心理学者を探しださなければならない。だが，そのようなネイティブはほとんど見つからないことが多い。実際，ある特定の現象をある特定の方法に従って研究している研究者が何十人もいるような心理学分野はきわめて少ない。したがって，よほどラッキーでないかぎり，そのようなネイティブを自分の知り合いの中から見つけだすことはできないであろう。

　そのようなネイティブが見つからない場合には，第1部においても述べられ

ているように，留学や国際学会等を利用して研究上の興味を同じくする研究者のネットワークを作り，研究内容を的確にチェックすることのできるネイティブを探せばよい。だが，それにより見つかるネイティブは，研究仲間というよりは，そのトピックについてのいわば世界的な権威であることが多い。したがって，原稿のチェックを頼む場合には，「この際だから些細な英語の誤りまですべて直してもらおう」というような考えは持たずに，研究内容に関する概念的な問題のチェックをお願いすることに専念しよう。

(高橋雅治)

コラム4

◇◇◇ 孵卵—アイデアを温める

　第1部と第2部では，初めて投稿する場合の書き直しの回数に関する異なった考え方が述べられている。だが，ここでは書き直しの回数よりも，書き直しと書き直しの間にアイデアを温めることの重要性について述べようと思う。

　第1部の第6章で述べた5回にわたる書き直しの実例においても示されているように，書き直しは，数日，数週間，あるいは，場合によっては数か月くらい間をあけるとよい。書き直しと書き直しの間に一定の遅延時間をはさむことによって，よりよい修正を行うことが可能となるのである。このような過程は，「孵卵（incubation）」と呼ばれている。すなわち，暖かな孵卵器（incubator）の中で卵の中の雛が成長するという隠喩である（ただし，期限を決めない孵卵は，論文内容の忘却につながるのでやめよう）。

　孵卵の間は長い間何もしないにもかかわらず，どうして孵卵は効果的なのだろうか。これについて，私たちは次のように考えている。すなわち，論文を何回も繰り返して読んだ場合，意識や記憶の中にはとても多くの情報と混乱が存在する。そして，何回も続けて読むと情報どうしの干渉が非常に激しくなるので，文章の単位（単語，語句，あるいは，文章）の1つひとつに集中することはむずかしくなる。この時点でわたしたちは「論文を見るのに疲れてしまった」と感じるのだと思う。だが，孵卵後は原稿に関する記憶痕跡は弱くなり，意識や記憶は空になる。その結果，私たちは再び新鮮な目で原稿を見ることができるのであろう。

　一方，心理学者の中には，孵卵期間中も無意識のレベルで情報を処理し続け，心が再びその情報の存在に気づいたときには，無意識のレベルで修正された重要点をたやすく発見できるようになると考える人もいるようである。読者の方々が，この問題について違った意見を持っている場合には，出版社まで葉書を送って頂ければ幸いである。

　このように，休息中にはアイデアが頭の中で温められるので，その後は論文を容易に修正することができる。学生の場合には締切りまで時間がないことが多いので，のんびりと待っている暇はないかもしれない（原稿はいつ仕上げてもよいが，学生の宿題はたいてい締切りが厳しいものである）。孵卵は雑誌編集者から送られてくる審査結果を待っている間にも起こるので，審査後の書き直しではより効果的な改変を行うことができる。たが，初めての投稿の前には，少なくとも1週間程度の孵卵期間を2，3回設定して，原稿全般の誤りを完全に取り除いておくことを推奨する。

(D. シュワーブ & B. シュワーブ)

第2部 5　出版のあとに待っている世界

　英語による出版の後には，さまざまな出来事があなたを待っている。それらの出来事は，若き研究者の英語による出版を支える協力な動機づけ要因となるのであろう。以下では，それらの出来事にうまく対処するためのヒントについて述べようと思う。

■ 1．抜き刷り請求が送られてくる

　日本語による出版の場合と同様に，初めて英語で論文を出版した後に最初に起こる出来事は抜き刷り請求のメールが舞い込むことである。これは，自分の書いたものに海外の研究者が興味を持つことに慣れていない大学院生にとってはとても新鮮な出来事であると思う。言ってみれば，情報の消費者から情報の発信者への大転換であり，研究者としての国際的なデビューである。時には，自分が日頃から読んでいる論文の著者から抜き刷り請求が舞い込むこともある。自分のような若輩者の書いたものに著名な心理学者が興味を持ってくれたのだと考えただけで，あなたはとても誇らしく思うに違いない。

　だが，ここで気持ちが舞い上がってはならない。送られてきた抜き刷り請求にはすばやく冷静に対処しなければならない。そのためには送られてきた抜き刷り請求に基づいて住所録を作り，さらに論文送付のためのメールを書かなければならない。

　そのようなメールの例を以下に示す。ここでのポイントは自分の研究に興味を持ってくれたことに感謝の意を表すこと，および，論文に対するコメントを求めることである。なお，ここでは，第1部に掲載されているビジネス・レターのスタイルではなく，通常の手紙のスタイルを示す。どちらのスタイルを用いても特に問題はないが，2つのスタイルが混在してはならない。メールの場合は，日付と署名がなく，左揃えになることに注意しよう。

【別刷りを添付して送るメッセージ】

January 4, 2013

Dear Dr. Steve Hotchkiss,

Thank you very much for your interest in my work. I am attaching here a reprint of my paper, "A behavioral measure of selecive listening." I would appreciate your comments very much.

　　　　　　　　Sincerely yours,
　　　　　　　　(署名)
　　　　　　　　Masaharu Takahashi, Ph. D.（または，M. A. 等）
　　　　　　　　Instructor（または，Doctoral Student, Professor 等）
　　　　　　　　Hokkaido University
　　　　　　　　E-mail：(自分の E-mail のアドレス，ただし国外からもアクセスできるように＠の後ろのドメイン名に注意しよう)

　このようなメールを送ったとしても，実際にコメントをくれる研究者の割合は10人に1人程度かもしれない。運良く相手がコメントを送ってきてくれたり，自分の抜き刷りを送り返してきてくれたら，是非とも電子メールでやりとりを続けよう。

　また，ただ単に抜き刷り請求に答えるだけではなく，できれば送られてきた抜き刷り請求のアドレスのリストを作るとよい。この住所録を使って次に発表する論文の抜き刷りも送り続ければ，かなり堅固な研究者ネットワークを作ることができる。これは，第1部において述べられている国際学会でのネットワーク作りと同じくらい有効なネットワーク形成法である。

■ 2．原稿のチェックや審査を頼まれる

　論文を出版するために編集者や審査者と議論をしていると，編集者や審査者の持っている膨大な学問的知識や論文を改善するための的確なアドバイスに圧倒されてしまうことが多い（これは日本語での出版でも同様である）。だが，考えてみれば，「ある問題に興味を持ち，それを解明するための研究を行い，その成果を論文として発表し，さらに，それに関連する他者の論文について考

察することにより学問全体の進歩に貢献する」という行為は，研究者にとってはごく自然で当たり前の行為である．言い換えれば，どんなに優秀な編集者であっても所詮は投稿の初心者と同じ研究という社会的な行為を行っているにすぎないのである．

　このように考えれば，投稿者と編集者は，研究を行う人間の集団が発行している雑誌に原稿を掲載するかどうかについて対等な社会的交渉を行っているにすぎないといえよう（第1部第10章のコラムを参照）．したがって，特定の問題に関して論文を1つか2つも書けば，場合によっては立場が逆転することもある．つまり，海外の見知らぬ大学院生から投稿前の原稿チェックを頼まれたり（これは第1部でも推奨されているごく当たり前の行為である），さらには，雑誌の編集者から審査者を務めるように頼まれるかもしれないのである．

　これは，論文投稿の初心者にとっては，天地が逆転するくらいの驚きである．今までは，「その道の達人に原稿のチェックや審査をお願いする」くらいに思っていたのが，今度は自分がその達人の立場にまわるのである．だが，実は審査者がいつも達人であるとは限らない．なぜならば，第1部においても述べられているように，審査者の選定は編集者の個人的なネットワークに依存していることが多いからである．実際，ある学問的な話題についてたくさん論文を書いても，その問題に関連する原稿の審査を依頼されるとは限らない．だが，その一方で，2，3の論文を書いただけで審査を頼まれることもある．したがって，読者の方々がそのような機会に恵まれた場合には，「自分は院生だから」というようないらぬ謙遜は持たずに誠実に対処しよう．

　幸いなことにネイティブの書いた原稿のチェックや審査をする場合には，自分の論文を書き直す場合に用いた方法のほとんどをそのまま流用することができる．たとえば，原稿を何回も丹念に読み返しながら，修正すべき点をすべてリストアップするという行為は，自分の論文を書き直す場合と同様にきわめて有効である．ただし，自分の書いた論文をチェックする場合とは異なり，この場合には著者に対してわかりやすく説明する必要がある．そのため，リストアップした問題点は「研究の内容に関わるような重大な問題」と「英語表現，あるいは，書式などに関わる些細な問題」という2つのカテゴリーに分け，しかも前者のカテゴリーについては，それぞれの問題の論理的な関係を明確化して

おかなければならない。

　海外の院生から投稿前の原稿のチェックを頼まれた場合には，「英語表現のチェックは他の研究者に頼んでください」と断っておいて，研究の内容に関わる概念的な問題点だけを論理的にまとめるだけでもよい。一方，雑誌に投稿された原稿の審査者を務める場合には，内容に関する問題のチェックのみならず，こまかな英語の誤りもすべて指摘した方がよい。審査者の選定においては，原稿の重大な問題を指摘させるために著名な研究者を選び，さらに細かい問題までくまなくチェックするために若手の研究者を選ぶことが多い。したがって，あなたが若手である場合には，研究の内容のみならず，統計的な処理，英語表現，書式等に関する細かな誤りまでのすべてをチェックすることが期待されていると考えた方がよい。

　これらの作業がすべて完了したら，あとはそれらを英語で書けばよい。この場合にも，原稿執筆の場合と同様の方法を用いることができる。たとえば，前述の辞書や参考書等を用いて必ず例文を参照しながら書けばかなり明瞭な英語で書くことができる。それに加えて，この時点では，質の良い大量の例文が手元に存在しているはずである。すなわち，あなたがそれ以前に書いた原稿に対する審査者と編集者の手厳しいコメントである。1つの原稿につき最低でも編集者と審査者のコメントが1つ以上はあるはずである。時には，再審査や再々審査まで持ち越してしまった結果，1，2回の投稿経験で10通以上の審査結果が手元に残っているかもしれない。それらのコメントの中から適切な英語表現を丹念に探して参照すれば，たいていの審査結果はかなり適切な英語で記述することができる。多角的で手厳しいコメントがたくさん累積しているほど，審査のための例文は抱負であるに違いない。

　ネイティブの英語を直すことは，とても勇気のいる作業である。だが，心配する必要はない。第1部でも述べられているように，英語のネイティブだからといって優れた英語を書くことができるとは限らないのである。また，幸いなことに，科学論文はわたしたちのような英語の初心者にもわかるような英語で書かれていなければならないという特徴を持っている。したがって，わたしたちが読んで理解できない箇所を指摘するだけでも，ネイティブの原稿をわかりやすくする作業に対して大きな貢献をすることができる。

■ 3. 論文を書くということ

　本章でこれまでに述べてきた事柄は，英語による論文の執筆がもたらす世界の一部に過ぎない。したがって，実際に研究成果を英語で発表した場合には，ここで述べた以外にも実にさまざまな事柄が起こるのではないかと思う。たとえば，あなたがたとえ大学院生であったとしても，発表した論文がきっかけとなって世界中の研究者と共同研究やシンポジウムを企画したりすることになるかもしれない（そのためにも英会話の練習をしておこう）。また，場合によっては，海外の大学院生から博士論文の指導者となることを頼まれることもある（その時は，自分はそのような立場にないと述べて丁重に断ればよい）。これらの出来事もまた，若き研究者の英語による出版を支える強力な動機づけ要因となるであろう。

　これまでにも述べたように，これら一連の出来事は，日本国内におけるあなたの学歴や肩書きや性別などとはまったく関係なく起こる。このことは，自分の研究が，日本国内の価値体系のみならず，世界各地の多用な価値体系の中にもまた定位されることを意味している。これまでの経験を振り返ってみると，自分の研究が複数の価値体系の中に定位されるという経験は，もう1つの重要な変化を若き日のわたしに与えてくれたのではないかと思う。それは，「特定の価値体系に束縛されている状態」から，「価値体系の多重性と相対性を明確に認識している状態」への移行である。以下では，そのような変化がいかに大きな意味を持っているかについて述べようと思う。

　個々の研究室や個々の学会は，それぞれ異なった価値体系を持っている。集団の形成という視点から考えれば，これは当然のことである。一方，研究活動には先の見えない長く曲がりくねった道を辿るような側面があるので，研究の道に足を踏み入れたばかりの若手研究者が最初から研究に生き甲斐を見いだすことはむずかしいことが多い。そのため，自分では多様な価値観の存在をしっかりと認識しているつもりであっても，実際には所属する集団の価値観に染まってしまいがちである。

　特定の価値体系に盲従している状態は，価値の多重性と相対性を認識している自由で懐疑的な状態よりもはるかに大きな安心感をわたしたちに与えてくれる。だが，そのような状態に安住することは，自分では気づかないうちに批判

的なものの見方の形成を拒んでいることが多い。

　たとえば，第1部第2章のコラムにおいても述べたように，研究室によっては「論文を書けばよいと言うものではない」というような質重視主義が支配しているかもしれない。この一見非常に当たり前に見える考え方は，しばしば「たくさん書くことは良くない」という雰囲気を伴い，場合によっては「あまり書かない研究者ほど，いつの日かきわめて重要な研究成果をあげるような立派な研究者である」というようなおかしな認識を若い院生に与えてしまう。

　一方，研究室の中には「論文は目方で計るもの」というような量重視主義によって支配されているようなところもある。いってみれば，研究に費やした時間と労力の単調増加関数として論文数が増加するような労働集約型の研究を昼夜交代で1つでも多く行うことが重要であると考えるのである。

　だが，より批判的な視点に立って考えれば，一見対立するように見えるこれら2つの考え方のどちらも実は研究の進展にとって大変重要であり，どちらが欠けても健全な進歩は有り得ないことがわかる。学問の歴史を振り返ってみても，後の研究の流れを大きく変えるような質の高い独創的な研究が重要な役割を果たした例は多い。一方，それとは反対に，労働集約型の研究を積み上げることによってようやく問題を解決した例も数多く存在する。これらはいわば車の両輪であり，どちらか一方がより優れているわけではない。

　加えて，これらの考え方を本当の意味で実践することは，それほど簡単ではない。たとえば，質重視主義を本当の意味で実践するためには，まず研究の質とは一体何を意味しているのかを明確に定義し，それにそって研究の質を判定する必要がある。だが，研究の質に関する客観的な測度を実際に定義することはかなりむずかしい。

　実は，わたしがこのような問題に思い悩んでいた頃，当時わたしの指導教授であった寺岡隆先生から「よい研究とは何かを定義してみたらいろいろなことが明確になるのではないか」というアドバイスを頂いたことがあり，それをきっかけにして自分なりにいろいろな定式化を試みたことがあった。だが，それは思ったよりもはるかにむずかしい試みであった。たとえば，「新しい心理現象を発見すると x_1 点」，「過去の知見の矛盾を解決すると x_2 点」，「新しい研究方法を開発すると x_3 点」等というように，研究者の大多数が「研究の質に寄与す

る」と認めるような要因を選定し，研究ごとにそれらの値を数値化して，さらに，それらの値に重みづけをして点数化することによって何らかの客観的な方法を作る，という方法の可能性について考えたこともあった。だが，歴史をひもといてみれば，学会の多数派にその価値が認められなかった研究が，実はその後の研究の流れを変えるような重要な研究であったという例は枚挙にいとまがない。

　一方，後者の量重視主義を本当の意味で実践するためには，研究資源を本当の意味で系統的・効率的に大量投入しなければならない。そのためには，その分野の研究を論理的に整理し研究分野全体を見通すための確然とした枠組みが必要である。だが，そのような枠組みが存在する心理学の分野は実際には非常に限られており，むしろ闇夜の山中を提灯無しで歩いているような研究の方が多数派であるように思われる。

　研究に関しては，ここで述べた以外にもさまざまな価値観が存在する。若き研究者がこれらの一見もっともらしい価値観に惑わされないためには，英語や日本語やあるいはそれ以外の言語でもよいからとにかく論文を出版することが大切であると思う。投稿という行為を繰り返すことにより，自分，あるいは，自分を取り巻く人間以外の研究者の持っている価値体系の一端に触れることができる。特に，母国語以外の雑誌への投稿は多様な価値体制とのまさに「本格的な接触」であるといってよい。これは，安易な価値観に対する批判的な見方を育てる。

　そして，そのような相対的・批判的な見方を持つことは，特定の価値体系に染まっていたときには持つことの出来なかった2つの重要な認識をわれわれにもたらしてくれる。

　その第一は，「研究とは，既成の知識を入力して（論文を読んだり，学会で発表を聞いたりして）新しい知識を出力する（論文を書いたり，学会で発表したりする）という行為にすぎない」という認識である。言い換えれば，研究者がそのような入出力を行うことは，あたかも作曲家が曲を作るのと同じようにごく当然の行為であり，しかも，そのような入出力を行うこと自体にきわめて大きな社会的意義が内包されている，というあたりまえの認識である。

　このような認識をしっかりと持っていれば，そのような入出力自体に内包さ

れる社会的意義以上の付加的な意義を定義することは，かなりむずかしい企てであることがわかる。たとえば，情報の入出力という観点に立って考えれば，質重視主義とは，入力量の割りには出力量を少なくすることにより個々の出力の質を高くするという立場であるといえよう。いわば，心的便秘（mental constipation）のすすめである。同様に，量重視主義とは，入力量の割りには出力量を多くすることによって単位時間あたりの出力頻度をできるだけ大きくするという立場である。こちらは心的下痢（mental diarrhea）のすすめといってもよいかもしれない。それゆえ，どちらの立場も所詮は入力量と出力量の比率を多少操作しているだけであり，基本的に大きな差はないといえよう。同様にして，研究に関して流布している他のさまざまな価値観についても，それらを冷静に考察すれば本当の意味で説得力のあるものはきわめて少ないことがわかる。

　そして，価値観に対する相対的・批判的な見方を持つことは，第二の重要な認識をわれわれにもたらしてくれる。それは，研究とはとても楽しくやりがいのある創造的な行為であるという認識である。研究者はあたかも芸術家が作品を作るかのように研究という作品を創造する。もちろん，どんなに幸運な研究者であっても，いつも創造的な成果をあげることができるとは限らない。だが，心配することはない。一見名曲しか書かないように思える作曲家も実はあまり評価されないような作品を驚くほどたくさん作っている。これはよく考えてみればごく当たり前のことである。というのも，どんなに名曲といわれている大作であっても，それは短い旋律を作るという行為の積み重ねの上に成り立っているからである。同様に，どんなに優れた研究であっても，その背景には単純で短い議論を積み重ねるという地道な過程があるに違いない。

　知識を作り出す創造の喜びは，それ以外の価値観を相対的に無力化する。真っ白いキャンバスに自由に絵を描く喜びを知ってしまえば，こういう絵を描くべきであるというような価値観はほとんど意味をもたなくなる。この本が若き研究者のそのような喜びを大幅に増大させることを著者は祈ってやまない。

（高橋雅治）

コラム5　◇◇◇グローバルな心理学者になるということ

　この本の著者は3人ともバイリンガルである。そして、日本と米国の間で長年にわたってさまざまなやりとりを行ってきた結果、心理学に対する国際的なアプローチをエンジョイし、かつ、そのようなアプローチがとても重要であると考えている。だが、「国際的であること」は、「英語を使うこと」とは異なることを忘れてはならない。英語がとても得意な日本人の中には偏狭で視野の狭い人もいる。一方、英語で出版した経験がまったくない日本人の中にも、心理学の理解に関しては国際的で広い視野を持っている人がいるのである。日本国内において心理学という研究分野を築き上げてそれを改善してゆくことも、研究成果を英語で出版することと同じくらい重要である。したがって、私たちは英語で出版することを望まない日本人研究者もまた十分に尊敬している。

　この本の第1版を1998年に出版した時、「国際化（internationalization）」は古い用語となりつつあった。その15年後には、心理学もまた「グルーバル化（globalization）」を体験し、「文化（culture）」と「多様性（diversity）」についての研究により、北米以外の研究者と学生による出版が急激に増大することになった。しかし、文化を超えたコミュニケーションは、ある意味では、15年前と比べても決して容易にはなっていない。それはいまだにわたしたちの（そしてあなたの）チャレンジであり、さらなる努力によってのみ乗り越えられるのである。

　日本の心理学はかつての世代よりはるかに高い国際的な評価を得るに至っている。私たちは、このような流れがさらに持続することを願っている。あなたがこの本の最初に書かれていた「誰でも英語で書く力を改善することができる」という考えを正しいと思うならば、あなたとあなたの後人は世界の心理学のグローバル化にきっと役立つことができる。

> Dear Readers,
>
> 　We hope that you will use the advice and refer to the examples in this book often in the coming years. Several years from now we also hope you will say, "That book helped me to think about writing in a new way, and motivated me to improve my use of English as a psychologist."
>
> 　It is easy for us to give you advice, yet it will be difficult for you to apply that advice. It is indeed a major challenge to change your writing, just as it is for us. But accepting this challenge will lead you to greater satisfaction and achievements. Good luck!
>
> 　　Respectfully,
>
> 　　高橋　雅治　Barbara J. Shwalb　D Shwalb

(D. シュワーブ & B. シュワーブ)

文　献

●第1部
〈英語〉

American Psychological Association (1997). *Journals in psychology : A resource listing for authors* (5th Ed). Washington, D.C.: Author. ISBN: 1-557-98209-0.

American Psychological Association (1989). *Search PsycINFO : Student workbook.* Washington, DC: Author. ISBN: 1-557-98055-1.

American Psychological Association (2009). *Mastering APA style : Student's workbook and training guide* (6th edition). Washington, DC: Author. ASIN: B004HP0KW2.

American Psychological Association (2010). *Publication manual of the American Psychological Association* (6th Ed.). Washington, D.C.: Author. ISBN: 104338-0559-6 (hardcover), 1-4338-0561-8 (paperback).

Rosenzweig, M. (1992). *International psychological science : Progress, problems, and prospects.* Washington, DC: American Psychological Association, ISBN: 1-557-98168-X.

Sabin, W. A. (2010). *The Gregg reference manual : A manual of style, grammar, usage, and formatting.* Career Education. ISBN: 978-0073397108.

Sternberg, R. J., & Sternberg, K. (2010). *The psychologist's companion : A guide to writing scientific papers for students and researchers.* Cambridge University Press. ISBN: 978-0521144827.

Tuleya, L. G. (2007). *Thesaurus of psychological index terms* (8th Ed.). Washington, DC: American Psychological Association. ISBN: 978-1591479260.

University of Chicago Press (2010). *The Chicago manual of style* (16th Ed.). Chicago, IL: Author. ISBN: 978-0226104201.

Wang, A. Y. (1989). *Authors' guide to journals in the behavioral sciences.* Hillsdale, NJ: Erlbaum. ISBN: 0-8058-0313-0.

(APA Order Department: order@apa.org and www.apa.org/pubs/books)

〈日本語〉

フィンドレイ，B. 細江達郎・細越久美子（訳）1996　心理学実験・研究レポートの書き方　北大路書房（Findlay, B. 1993 *How to write a psychology laboratory report.* Prentice Hall of Australia）

ヒューバー，J.T. 上芝功博（訳）2009　心理学と精神医学の分野での報告書の書き方改定版　悠書館（Huber, J. 1961 *Report writing in psychology and psychiatry*, NY: Harper & Row）

兵藤申一　1989　科学英語を磨く（応用物理学会編）裳華房

井上信雄・ダウブ，E.E.　1986　英語技術論文の書き方　朝倉書店

加藤恭子・ハーディ，V.　1992　英語小論文の書き方―英語のロジック・日本語のロジック―　講談社現代新書

文　献

　　三井宏隆　1990　社会心理学ワークショップ　垣内出版
　　森川　陽・大倉一郎・高橋孝志　1990　学会発表の上手な準備　講談社サイエンティフィック
　　日本心理学会　心理学研究・Japanese Psychological Research 執筆投稿の手引き　1991年　改訂版
　　シュワーブ, D.　1992　心理学の国際化　日本心理学ニューズレター第4号 p.5
　　菅原　勇　1994　英語論文を書く　メディカル・サイエンス・インターナショナル
　　田中菊雄　1954　出典〜英語広文典　白水社

〈辞典〉
「Merriam-Webster's Collegiate Dictionary with CD 11th edition」　2003　Merriam-Webster, Inc.

● 第2部
崎村耕二　1991　英語論文によく使う表現　創元社
迫村純男・James Raeside　1997　英語論文に使う表現文例集　ナツメ社
ショーペンハウエル　1950　著作と文体（ショーペンハウエル著・斎藤忍随訳「読書について他2篇」
　　Pp. 19-89.）　岩波文庫
杉原厚吉　1994　理科系のための英文作法—文章をなめらかにつなぐ四つの法則　中公新書
富井　篤（編）　2010　科学技術英語表現辞典第3版　オーム社
安井和也　2011　英語論文基礎表現717　三修社

〈辞典〉
「CD-ROM版　新編　英和活用大辞典」　1996　研究社
「CD-ROM版　リーダーズ＋プラス」　1996　研究社
「CD-ROM　ステッドマン医学大辞典改訂第6版」　2008　メジカルビュー社
「CD　専門用語対訳集　バイオ・メディカル22万語　英和・和英」　2003　日外アソシエーツ
「コウビルド英英辞典（Collins COBUILD English Dictionary）」　1995　HarperCollins Publishers
　　（桐原書店）
「Collins Cobuild Advanced Dictionary + Mycobuild. com Access」　2008　Heinle & Heinle
　　Publishers.
「E-DIC　英和｜和英第2版」　2005　朝日出版社
「光の辞典（議談社バックス英和・和英辞典　1988　講談社)」　1994　テグレット技術開発
「岩波国語辞典 CD-ROM版第六版」　2001　岩波書店
「岩波理化学事典第5版　CD-ROM版」　1999　岩波書店
「岩波生物学辞典第4版　CD-ROM版」　1998　岩波書店
「辞典盤（岩波国語辞典第五版　1994　岩波書店・新和英中辞典第6版　1995　研究社・新英和中辞
　　典第4版　1995　研究社・朝日現代用語辞典　知恵蔵　1996　朝日新聞社・マイペディア　1994
　　平凡社)」　1995　アスキー出版
「研究社　新英和大辞典第六版・新和英大辞典第五版」　2007　富士通ミドルウェア
「研究社　新和英大辞典第5版」　2005　ロゴヴィスタ
「検索 CD-ROM付　医学英語慣用表現集第3版」　2005　文光堂
「広辞苑第四版（岩波書店）」「辞典盤 Pro」　1997　アスキー
「ランゲージ・アクティベータ（Longman Language Activator)」　1993　Longman Group U.K.
　　Limited（丸善）
「Longman Dictionary of Contemporary English with DVD-ROM 第5版」　2009　ピアソン・エデ
　　ュケーション
「Longman Language Activator」（「Longman Dictionary of Contemporary English with DVD-ROM

文 献

　第5版」2009　ピアソン・エデュケーション)
「マック広辞苑（新村出編　広辞苑第三版 CD-ROM 版　岩波書店)」1991　クォリスタジャパン
「南山堂医学大辞典第19版」2007　ロゴヴィスタ
「NEW 斉藤和英大辞典」2005　ロゴヴィスタ
「Oxford English Dictionary, 2nd Edition, Version 4.0（CD-ROM)」2009　Oxford University Press.
「リーダーズ英和辞典第2版・リーダーズプラス」(「リーダーズスペシャルセット」ロゴヴィスタ)
「新編英和活用大辞典研究社」2000　研究社
「心理学辞典」(「マルチラテラル心理学」2006　有斐閣)
「Webster's Ninth New Collegiate Dictionary」1989　Highlighted Data, Inc.
「有斐閣経済辞典第4版」2005　ロゴヴィスタ

■索引■■■

あ行

●い
イタリック体　35, 52
一流誌　81
5つの見出しのレベル　35
依頼の手紙　69
インパクト・ファクター　81
インフォームド・チョイス　100
インフォームド・ディシジョン　100
引用文献　29, 40, 52, 53, 136
●え
英英辞典　14, 133, 135, 137, 138
英語ゼミ法　110
英語で話す　110
英語力　127
APA Publication Manual　50
APA Manual　16, 26, 54
英和辞典　137
●お
大文字　52
オンラインで投稿　85

か行

●か
概念（コンセプト）　49
概念的な問題　42
改変を前提とした受理　123
会話力　110
書き直し　2, 46, 97, 98, 145, 150
書き直し後の再投稿　87
書く動機づけ　125
書く理由　114
過去形　7
仮説　37
肩書き　63
学会大会　60
学会大会投稿　44
学会への問い合わせ　59
簡潔に　17, 21
冠詞　21, 34, 127
感謝の手紙　90
●き
聞く　107

脚注　52
業績の評価方法　125
強力な動機づけ　155
拒否の割合　75
●く
句読点法　52
●け
掲載（を）拒否（not accepted）　43, 44, 54, 87, 100, 123, 130
結果　41, 52
研究の可能性　37
研究の限界性　37
研究の質　11, 78
研究の妥当性　37
研究の量　11
原稿タイプの例　26
●こ
光学的文字認識装置（OCR）　141
考察　32, 37, 41, 52
校正　101, 106
構成の誤り　40
校正編集記号　102, 104
コメントを求める手紙　68
コロン　40
コンタクトの手紙　60
コンマ　39, 40

さ行

●さ
PsycINFO　16, 73
最高峰の雑誌　78, 79
最初から英語で書く　12
最初に何をすべきか　113
再投稿原稿添付用の手紙　91
再投稿の奨め　123
再投稿の手紙　93
雑誌　73
雑誌編集者　76
参加者　28, 96
参加者の（人）数（Sample size）　7, 18
●し
自己充足的　18, 22
自己評価を含んではならない　17

163

索引

字下がり　29
事実　37
辞書の同時検索　137
質重視主義　156
自文化中心主義　111, 112
住所　26
12ポイント　144, 146
重要度の高い順　41
出版原稿の整理係（copy editor）　54, 103
受動態　8
受理（accepted）　87
受理の割合　78
受理を前提とした修正（accepted pending revision）　87
招待論文　112
所属　26
序文　32, 37, 41, 52
審査員の誤解　46
審査者のコメント　78, 84, 98, 122
審査者を務める　153
審査の遅れについて問い合わせる手紙　86

● す
図　52, 105
筋が通った　21, 22
筋が通るように　18, 23
スタイル（文体）の誤り　39
スペルチェック　14, 139

● せ
正確に　17, 20
セミコロン　40

た行

● た
第一著者　125
大会　60
大会でのメッセージ　61
Times New Roman　146
題名　26
卓上例文検索法　120, 140
段落構造　33

● ち
著者注釈　27
著者名　26

● て
定型的な表現　120, 134
徹底的例文参照法　132

典型的な表現　25
電子辞書　14, 137
電子的例文検索システム　140, 146
電子投稿　105
添付書（添付する手紙，cover letter）　94, 105,

● と
動機　125
統計的分析　30
統計と数学の表記　52
投稿に添える手紙　85

な行

● に
日本語と英語のロジック　13
日本語と英語のロジックの差　15
日本語の文献　29, 95
二流や三流の雑誌　78, 80, 81

● ぬ
抜き刷り　62, 81, 151
抜き刷り請求　64
抜き刷り請求の手紙　64

● ね
ネイティブ（による）チェック　13, 34, 67, 143, 147
ネイティブの英語を直す　154
ネットワークを作る　55, 72, 108, 152

は行

● は
話す　108

● ひ
表　28, 52, 105
ピリオド　40

● ふ
フォント　144
文献リスト作成ソフトウェア　136
文体　52
文法　34
文法チェック　14

● へ
ヘッディング　144
弁解の手紙　90
返事の手紙　89
編集者からの手紙　84
編集者と審査者とのやりとり　84
編集者との手紙のやりとり　78
編集者の最初の手紙　98
編集者の手紙　87, 122

索　引

編集者への質問　76
●ほ
方法　52
ボールド体　35
ま行 ─────────
●ま
マージン（余白）　39, 144
●み
短く　46
見出し　35, 40
見出しの3つのレベル　35
●め
名刺　62
メジャーな雑誌　75
メッセージ板　61
や行 ─────────
●ゆ
有意（な）　7, 121
有意差傾向　30
●よ
要約　6, 16, 18, 19, 25, 27, 52

要約の誤り　39
読みやすい　18, 20
ら行 ─────────
●ら
欄外見出し（running head）　26
ランク　81
●り
量重視主義　156
理論的根拠　31
●れ
礼状　65
レセプション　61
●ろ
論文の質　46, 74, 79
論文の質重視主義　131
論文の量　46
論文の量重視主義　131
わ行 ─────────
●わ
和英辞典　132, 137
わかりやすく　46

【著者紹介】

David W. Shwalb（デイビッド・W・シュワーブ）
1954年アメリカ合衆国ニューヨーク州ブルックリン生まれ　1985年ミシガン大学発達心理学博士課程修了（Ph. D.）　現在は Southern Utah University 教授　専門は発達心理学・異文化間比較心理学

Barbara J. Shwalb（バーバラ・J・シュワーブ）
1947年アメリカ合衆国ミズーリ州セントルイス生まれ　1986年ミシガン大学心理学および教育学博士課程修了（Ph. D.）　現在は Southern Utah University 講師　専門は発達心理学・異文化間比較心理学

D. W. Shwalb と B. J. Shwalb は，1992年より「発達心理学研究」の，2007年より「子どもの虐待とネグレクト」の英文要約編集者を務めている。

主な英語論文：

Shwalb, B. J., Shwalb, D. W., & Shoji, J. (1994). Structure and dimensions of maternal perceptions of Japanese infant temperament. *Developmental Psychology, 30* (2), 131-141.

Shwalb, B. J., & Shwalb, D. W. (Eds.). (1995). Cooperative learning and cultural context. Special whole issue, *International Journal of Educational Research, 23* (3), 191-300.

Shwalb, D. W., Shwalb, B. J., & Nakazawa, J. (1995). Competitive and cooperative attitudes: A longitudinal survey of Japanese adolescents. *Journal of Early Adolescence, 15* (1), 267-290.

Shwalb, D. W., Kawai, H., Shoji, J., & Tsunetsugu, K. (1995). The place of advice: Japanese parents' sources of information about child health and development. *Journal of Applied Developmental Psychology, 16* (4), 645-660.

Shwalb, D. W., & Shwalb, B. J. (1996). *Japanese childrearing.* New York: Guilford Press.

Shwalb, D. W., Nakazawa, J., & Shwalb, B. J. (2005). *Applied developmental psychology: Theory, practice, and research from Japan.* Charlott, NC: Information Age.

Shwalb, D. W., & Shwalb, B. J. (Eds.). (2006). Respect and disrespect: Cultural and developmental origins. *New Directions for Child and Adolescent Development, 114,* 1-93 (Whole Issue).

Shwalb, D. W., Shwalb, B. J., Nakazawa, J., Hyun, J. H., Le, H. V., & Satiadarma, M. P. (2009). Child development in East and Southeast Asia: Japan, Korea, Vietnam, and Indonesia. In M. H. Bornstein (Ed.), *Handbook of cultural developmental science* (pp. 445-464). New York: Psychology Press.

Shwalb, D. W., Shwalb, B. J., & Lamb, M. E. (Eds.). (2013). *Fathers in cultural context.* New York: Routledge.

D. W. シュワーブ・高橋雅治・B. J. シュワーブ，D. A. シュワーブ（2005）．心理学者のためのネットスキル・ガイドブック　北大路書房．

高橋雅治（たかはし・まさはる）
1957年山梨県生まれ　1986年北海道大学大学院博士後期課程単位取得退学（文学博士）現在は旭川医科大学医学部教授　専門は学習心理学

主な英語論文：

Takahashi, M., & Iwamoto, T. (1986). Human concurrent performances: The effects of experiences, instructions, and schedule-correlated stimuli. *Journal of the Experimental Analysis of Behavior, 45,* 257-267.

Takahashi, M. (1993). Psychological distance to reward in monkeys. *Behavioural Processes, 30,* 299-308.

Takahashi, M. (1994). Concurrent schedule control of monkey's observing during vigilance. *Behavioural Processes, 32,* 133-146.

Takahashi, M. (1995). A low cost universal feeder. *Behavior Research Methods, Instruments, & Computers, 27,* 73-75.

Takahashi, M., & Fujihara, T. (1995). Self-control in humans: Effects of type, amount, and delay of reinforcer. *Learning and Motivation, 26,* 183-202.

Takahashi, M. (1996). Schedule segmentation and delay-reduction theory. *Behavioural Processes, 36,* 263-275.

Takahashi, M. (1996). Light-induced inhibition in a delayed matching task with rhesus monkeys. *Japanese Psychological Research, 38,* 146-155.

Takahashi, M. (1996). Effects of requirement of immediate reporting responses on eye movements during human vigilance. *Perceptual and Motor Skills, 83,* 803-810.

Takahashi, M. (1997). Concurrent schedule control of human observing during auditory vigilance. *Behavioural Processes, 40,* 53-59.

Takahashi, M. (1997). A behavioral measure of selective listening. *Perceptual and Motor Skills, 85,* 75-79.

Takahashi, M., & Shimakura, T. (1998). Effects of instructions on human matching. *The Psychological Record, 48*, 171-181.

Takahashi, M. (2000). Preference and resistance to change do not covary. *Behavioral and Brain Science, 23*, 112-113.

Takahashi, M., Masataka, N., Malaivijitnond, S., & Wongsiri, S. (2008). Future rice is discounted less steeply than future money in Thailand. *The psychological Record, 58*, 175-190.

Takahashi, M., & Ikegami, M. (2008). Differential frontal activation during exogenous and endogenous orientation of visuospatial attention : A near-infrared spectroscopy study. *Neuropsychobiology, 58*, 55-64.

改訂新版　初めての心理学英語論文	
―日米の著者からのアドバイス―	
1998年3月20日　初版第1刷発行	
2002年4月10日　初版第4刷発行	定価はカバーに表示
2013年4月10日　改訂新版第1刷印刷	してあります。
2013年4月20日　改訂新版第1刷発行	

著　者　D. シュワーブ
　　　　B. シュワーブ
　　　　高橋　雅治

発行所　㈱北大路書房
〒603-8303　京都市北区紫野十二坊町12-8
電　話　(075) 431-0361㈹
FAX　(075) 431-9393
振　替　01050-4-2083

© 2013　印刷／製本　創栄図書印刷㈱
検印省略　落丁・乱丁本はお取り替えいたします

ISBN978-4-7628-2800-3　Printed in Japan

・JCOPY 〈㈳出版者著作権管理機構 委託出版物〉
本書の無断複写は著作権法上での例外を除き禁じられています。
複写される場合は，そのつど事前に，㈳出版者著作権管理機構
（電話 03-3513-6969，FAX 03-3513-6979, e-mail: info@jcopy.or.jp）
の許諾を得てください。